设计未来

通往名校之路

李海峰　王姐◎主编

台海出版社

图书在版编目（CIP）数据

设计未来：通往名校之路 / 李海峰，王妲主编. --
北京：台海出版社，2024.2
ISBN 978-7-5168-3801-3

Ⅰ. ①设… Ⅱ. ①李… ②王… Ⅲ. ①家庭教育
Ⅳ. ① G78

中国国家版本馆 CIP 数据核字（2024）第 012701 号

设计未来：通往名校之路

主　　编：李海峰　王　妲

出 版 人：蔡　旭　　封面设计：末末美书
责任编辑：赵旭雯

出版发行：台海出版社
地　　址：北京市东城区景山东街 20 号　邮政编码：100009
电　　话：010-64041652（发行，邮购）
传　　真：010-84045799（总编室）
网　　址：www.taimeng.org.cn/thcbs/default.htm
E-mail：thcbs@126.com

经　　销：全国各地新华书店
印　　刷：三河市嘉科万达彩色印刷有限公司
本书如有破损、缺页、装订错误，请与本社联系调换

开　　本：880 毫米 ×1230 毫米　1/32
字　　数：210 千字　印　　张：10.5
版　　次：2024 年 2 月第 1 版　印　　次：2024 年 2 月第 1 次印刷
书　　号：ISBN 978-7-5168-3801-3

定　　价：69.80 元

PREFACE  

李海峰

2023 年年底，我对外推出了“联合出书”的付费服务项目。王姐听完了我对整个项目的规划，非常感兴趣，并表示愿意加入这个项目。

稍微了解王姐经历的人都知道，王姐通过升学规划，让自己的孩子从学渣逆袭成了学霸，并一举考入名校。在陪伴孩子逆袭的过程中，她发现 2～18 岁的家庭亟需做升学规划指导，但市场上这一块仍处于空白状态。于是她果断从体制内裸辞，开创了升学规划行业。如今，她已经帮助 10000 多个家庭的孩子成功升入理想的学校，至尊卡市重点率 100%。除此之外，她还培养出数百名优秀的升学规划师。

王姐就是妥妥的值得信任的专家。

出书对于专家是加持。对于自己的第一本书，王姐没有选择出个人专著，而是带着她的弟子和好友出了这本合集。王姐自己做过编辑，她很清楚作者多，需要协调的事情就多，而且每个人的学术水平参差不齐，这也意味着需要花费大量的时间和精力去打磨他们的作品。

但她愿意和我一起担任这本书的主编，就代表她不是以唯一的权威的专家身份，而是以陪伴者和指导者的身份，从激发、赋能、陪伴、启发的角度出发，让我们全方位地了解升学规划。**她要的不是只让花儿的颜色好，还要花儿很健康。**孩子的教育是一个完整的系统工程，她希望可以通过做升学规划，让家长看到孩子提分和升学的效果。

这也是为什么我更加笃定，王姐带领的联合作者能为我这样有孩子的父母带来巨大价值的原因。

翻开本书，35 位升学规划专家将他们的故事娓娓道来。但因为每个人关注的点不同，所以我建议大家先通读一遍。

我们把所有的专家的微信二维码都放到书中，你看到他们的文章，如果被触动，就可以加他们为好友，与他们进行深入互动。在这里，我先分享一下我的读书笔记，算是给大家的开胃小菜。

王姐是 2～18 岁升学规划的开创者，也是福布斯创新企业家。她深知时代的发展和竞争的压力对孩子成长的影响，于是为各位家长和教育从业者们准备了一份超详细的升学规划指导手册，并解读了为什么升学规划是每个孩子的刚需。

钻石老师是一位经验丰富的 2～18 岁升学规划专家、首席咨询师。他非常擅长发掘孩子的优势，提升孩子们的内在动力，并能够根据孩子们的实际情况，制定个性化的学习方法与策略，最终帮助孩子拿到理想的升学结果。

大帅老师是清华大学学霸、人杰教育学习力提升教练。他以“分数”为切入点，从学科能力、应试策略、学习方法、学习习惯、学习动力、学习环境等方面入手，带领我们深入探究考试成功背后的秘密。

甘运霞是升学规划师、青少年身心整合健脑操调和师。她独创了一套“一书一图，优势陪伴”的养育体系，以优势陪伴为核心，以一书（人生说明书）、一图（育儿导航图）为养育原则，揭示了教育的本质——教育是做正确的事，而不是改错。

汤蓓是前央视主持人、畅销书作者、汤蓓精准规划创始人。她给所有因亲子关系不融洽而焦虑的家长们展示了如何运用说话的艺术，让亲子关系变得融洽自然，让家庭更加和谐美满。

黄慧琴是爱心树阅读成长中心创始人、清华大学积极心理学导师。她告诉想给孩子创造一个美好未来的读者，教育如何能够对他人产生积极的力量，并揭示了成功的底层逻辑——它不是偶然的，而是有规律可循的。

马瀚巍是 QS 世界大学排名前 100 名校硕士、教育咨询师。他告诉对青少年国际游学感兴趣的读者，如何体验深度游学的魅力，如何激发孩子的英语学习兴趣，如何培养国际视野、传播中国文化。

叶丽娟是北京一橙国际教育的创始人，深耕国际教育赛道 12 年。她告诉想破圈成长的读者，如何挖掘兴趣、探索未来、筑享人生。

黄治贵是 0～6 岁亲子英语规划师、中国智慧工程研究会认证升学规划师。她给所有因孩子的成绩而焦虑的读者分享，如何保持冷静，尊重孩子们的天性，与焦虑和解。

张瑞婷是艺术留学策略导师、美院艺术升学规划专家，深耕艺术行业 18 年。她想与希望提升艺术修养和创新设计能力的读者交流，如何通过升学规划，成功走入顶尖的艺术殿堂。

杨帆是慧创造力的创始人，她为我们带来了一个大胆进行职业转型并成功进化成长的女性故事。她告诉为孩子教育和升学焦虑的家长们，如何顺应时代发展的潮流，激发孩子的梦想，培养孩子的自驱力。

张秀君是中国首批升学规划师、家庭教育指导师。她分享了从平凡到高阶的进取过程，为我们揭示了教养的本质及学习的底层逻辑。

彭海鹰是资深青少年阅读教育专家，深耕教育行业 23 年，拥有两张国际教师资格证。她致力于用阅读让孩子的能力变得更强，成绩变得更好。

黄欣旭是北京师范大学本硕，她分享了自己受教育的经历，让我们知道想要提高分数进名校，不是靠补课就可以了，还需要做好升学规划，靠着强大的自驱力，进行学历升级和教育破圈。

曾雯是慧闪星亲子英文启蒙定制创始人、新东方“功勋教师”。她告诉想给孩子做英语启蒙的读者，如何给孩子进行定制化的英语启蒙，才能带来认知上的升级和行为上的改变，助力孩子成就梦想。

牛艳丽是一位懂升学规划的保险经纪人。她以自己跌宕起伏的人生之旅为切入点，教会了我们如何以积极乐观的心态，去面对生活的困难和挑战。

刘玲双是“藤校”妈妈、“慧创新 & 云约读行”的主理人。她以自己的亲身经历，告诉那些不想让孩子输在起跑线上的读者，如何成为孩子的助力，如何用心规划孩子的未来。

张冬雪是超低能耗建筑工程师，她分享了个人成长的经历和一些项目的情况，让我们知道了一位有大格局和眼界的人，是如何拿起学习的武器来对抗命运的。

龙奕君是佳奕聪全脑教育创始人、新学霸家庭情商教练。她告诉关注家庭教育的读者，如何理解并接纳自己和他人，如何去探索家庭教育中爱的真谛。

杨雪是中国首批升学成长规划师、天赋教育师、心理咨询师。她向我们分享了做自己热爱并擅长的事情的经历，并希望以自己的实际行动，来影响孩子，助力他们成为更好的自己。

Sophie是非京籍升学规划师、儿童心智（KASEL）成长指导师。她以非京籍孩子的升学为切入点，告诉我们如何不焦虑、不跟风，规划出一条适合孩子和家庭的教育之路。

刘艳艳是升学规划师、一级造价师、高级工程师。她以亲子关系为突破口，让我们知道，教育不仅要解决父母的问题，也要解决孩子的问题。更重要的是，她让我们了解到：良好的亲子关系是相互滋养、互相成就的。

卢雪妍是初中英语提升规划师。她一直从事英语辅导工作，致力于帮孩子突破英语学习困境，帮助他们成功升学。

师菏芯是国家二级心理咨询师、升学规划专家，深耕教育咨询行业12年。她以自己从“追光者”到成为“光”的切身经历，告诉我们：机会总是留给时刻准备好的人。

单文松是高考教练、自主学习力教练、青少年生涯规划师。他说：“梦想才是人生的第一驱动力。”所以，学业规划要从设计梦想开始。

陈晓蓉是禅城全纳儿童能力训练机构创始人、书香高能亲子驿站社群发起人、中国首批升学规划师。她告诉关注亲子教育的读者，真正的教育是个性化的，是需要因材施教的。

柯婉是中文素养读写机构创始人、自媒体达人。她与想为社会做有意义的事的读者交流，如何坚守初心，点亮读书人的小梦想；如何培养人才，传播中文之美。

尹春林是 9～14 岁升学规划师、ICF 国际教练协会 PCC 教练。她为我们分享了自主学习的重要性，让我们知道如何才能唤醒孩子的内在能量，增加孩子的核心竞争力。

杨艾文是 9～16 岁青少年名校规划的主理人，她专为职场人、创业者、企业家的孩子做提分和升学管理。她分享了如何找到孩子成长的底层规律，最大限度地开发孩子的优势。

欧阳叶是升学规划专家，研发出中国式幸福力 52 个成才指导工具。她以一个教育工作者的视角，为我们分享了非学霸的孩子是如何通过升学规划来实现自己的人生目标的。

崔海玲是高级心理咨询师、家庭教育指导师、升学规划指导师。她告诉那些为亲子关系焦虑、迷茫的读者，要想培养出自律高效的孩子，陪伴和接纳才是最好的方式。

孙响珍是睿臻国际教育创始人、升学规划指导师。她本着做有情怀的教育的目标，为我们分享了如何提升孩子的能量和格局，如何利用升学规划助力孩子实现跳级发展。

陈思思是最受欢迎的网红名师、北京大学教育发展高端人才。她告诉因语文而苦恼的读者，如何用最有效的方式去培养孩子的精准审题能力、情境阅读能力和快速汲取重要信息的能力。

谭璐是北京市教育学会“十四五”教育科研课题负责人、都睿国际教育联合创始人。她专注于个性化教育定制名校升学规划，定制成功率 100% 。她分享了如何向内探索，找准赛道，让每一个孩子都看到自己的优势和独特性，从而实现人生价值的升华。

孙中伟是剑桥大学和伦敦大学双硕士，也是快乐学霸养成课的主理人。他说：“特长是一个人的能力，而兴趣爱好是一个人的动力。”他通过“玩”成为学霸，坚守“兴趣择业”18 年，并向我们分享了如何以兴趣爱好为杠杆，拿下世界顶尖名校的入场券。

每个专家擅长的方向都不一样，同样地，我们也不能要求孩子样样都精通。我认为，培养孩子可以遵循两个大的原则：**对**

人方面，让孩子有照顾自己的能力；对事方面，让孩子有学习的能力。

我们面临的现状就是教育体制改革，国内外各种教育资源在不断更迭。激发兴趣、培养习惯、科学素养这些话题都很重要。但我们不是全能的，所以我们需要更多外部专家的助力。

很多人花了大量的时间去提升某个单项技能，却忽略了用心去规划一个值得拥有的人生。人生最遗憾的不是没有借助梯子爬到顶端，而是爬到最高处却发现梯子搭错了方向。

但我们也不用太焦虑，要沉下来关心孩子、协助孩子，给他们最好的爱和陪伴。带着这种期待，相信你在阅读过程中，会收获更多。

CONTENTS  

设计未来
通往名校之路

有**成长规划**的孩子，一定会**赢在未来**。

王姐

- 本名王妍峰，字浅云，2～18 岁升学规划开创者
- 国家“十四五”重点课题升学成长规划项目首席专家
- 福布斯创新企业家
- “升学规划指导师”的“黄埔军校”校长

为什么升学规划是每个孩子的刚需？

和很多强压式教育、只功利地希望孩子拿到一个高分完全不同，我们这个 2～18 岁升学规划的新品类，对于升学教育有以下观点：

1. 未来，每个家庭都有自己的升学规划专家。

2. 未来，不再是学霸的天下。行行出霸主，像“社交霸”“艺术霸”“体育霸”等比比皆是。

3. 我不认为千篇一律的学科培训能培养出优秀的人才，我认为一个内在坚实、有内驱力的孩子才是人生赢家。

4. 让孩子活在爸爸妈妈的价值观里，本质上是父母的自私。最好的父母是“放下我执”的，是“无我”的。

5. 真正好的升学规划，是因材施教的，是顺势而为的，而不是胆小怯懦的和不自量力的。

6. 有升学规划的孩子，运气都不会太差。

7. 升学规划的出发点和落脚点，在于那个独一无二的孩子是谁。

8. 家长最不容易，我们要站在家长的立场上考虑事情，要真心地帮助他们。

9. 永远不要让家长觉得自己育儿方式很失败，他们需要的是被看见、被支持；永远不要让孩子觉得自己什么都不会，他们需要被点亮内心的微光。

10. 教育，不需要教，只需要育。

11. 真正勇敢的妈妈，敢于给 5 分的孩子规划 10 分的成长路径，直到成功。

12. 有成长规划的孩子，一定会赢在未来。

13. 碰巧拿到的升学结果，不可持续；系统规划的升学结果，生生不息。

14. 升学规划行业的未来一定是从高认知人群开始覆盖的。

15. 5 年后，升学规划将是教育赛道里最热门和最具潜力的行业。

16. 未来 10 年，一定是升学规划咨询行业快速发展的繁荣之年。

17. 顺应孩子的优势和特质，在此基础上充分用好学校内外部资源，帮助孩子活出人生最强音，而不是单纯按分数的标准来衡量孩子优秀与否。

18. 任何孩子，在方法正确的前提下，用半年到两年时间，都可以成为学霸或学神。

19. 成功升学 = 能量 × 能力 × 规划 ^{2}。

20. 学校、社会课程、公共设施等都是养育孩子的资源，我们要善于利用一切可利用的资源。

21. 升学是孩子一生中第一个重要的项目，也会奠定孩子对自我的认知基础。

本文主要从个性崛起的时代迫切需要升学规划、整合竞争的时代迫切需要升学规划、向内探索的时代迫切需要升学规划这三个方面入手，阐述了为什么升学规划是孩子的刚需这一观点。

个性崛起的时代迫切需要升学规划

在当今这个时代里，每个人都有可能成为“超级个体”。

互联网释放了我们的个性，催生了大量的自由职业者，太多自媒体平台的崛起，使我们都有机会能够参与创造和价值输出。

即便是再小的个体，也可能会拥有自己的品牌。

这个时代，除了影视明星之外，很多人在各自的专业领域成为知名的个人品牌，如中国最出色的财经作家吴晓波、拥有知识付费领域千万付费用户的讲书人樊登……

过去，演员、歌手极具“吸睛”体质，也就具备了“吸金”

体质。如今，知识付费赛道市场规模快速扩大，越来越多的知识IP因为拥有一技之能或者专业问题解决能力，而得到人们的青睐。

据艾媒咨询《2015—2025年中国知识付费市场规模及预测》显示，2022年，中国知识付费市场规模达1126.5亿元，较2015年增长约70倍，预计2025年，市场规模将达2808.8亿元。随着形势持续好转，知识付费的“居家红利”或将逐渐消退，但用户的付费求知和在线学习的习惯已经养成。据艾媒咨询数据显示，预计2023年，知识付费用户规模将突破5.7亿人，知识付费行业有望借着这一市场基础进入稳定的持续发展阶段。2025年，知识付费用户规模有望达到6.4亿人。

基于此，国内知名的个人品牌资深顾问李倩和峰帅都认为：个人品牌必将大行其道。

峰帅是谁？

他是一个有着21年资深经验的营销行家，也是个人品牌商业专家，更是一位作家。

他曾提出3个最著名的口号：华硕电脑，坚如磐石；提词宝，提词跟着语速走；升学找王姐，孩子做人杰。

在个人品牌盛行的时代，孩子们必然会面临内卷的状况。那么，亲爱的家长，你们为孩子们提前做好规划了吗？

我认为，养育孩子，永远需要给出有策略的规划。

举个例子，抖音上有一个妈妈，用户名是ABCD妈。

她的丈夫是韩国人，毕业于哈佛大学，从小就学习马术、射击，还会开飞机，现如今是韩国某集团社长（相当于集团公司的总经理）。

她自己呢，是地地道道的武汉人，曾是国家二级运动员，后来到哈佛攻读 MBA，现在主要打理家族名下多个企业以及自己的公司，还负责照顾一家人的生活起居。

据说两人是在哈佛读书时相识相爱的，属于豪门学霸强强联姻。

她的大儿子名叫金遥峻（Alex）。他最厉害的是数学和编程。厉害到什么程度呢？

小小年纪的他就参加了 2020 年度 WRO 世界青少年机器人奥林匹克竞赛和阿思丹高中商赛。所在团队还成为唯一一个全奖项大满贯得主。

我认为，针对他的升学规划，可以围绕与数学有关的方面进行，比如和数学、金融、逻辑、计算机等相关的专业。

因为 ABCD 妈在抖音等自媒体平台已经拥有相当数量的粉丝，所以，她的孩子们已经有了成为 IP 的基础条件。

我想说的是，并不是只有物质和资源优秀的家庭才有这样的条件，所有家庭都有这样的机会。

一个人眼里有没有发展机遇，不是因为你有多少钱或者资源，而是看你有没有规划意识。

要想让孩子有更好的发展，就要帮助孩子用“升学规划”去智慧地破圈，一步一步实现最初定下的目标。

根据孩子的优势特质，放大孩子的最强优势。

在孩子小的时候做好原始 IP 资产的积累，为未来的 IP 时代做好储备。

整合竞争的时代迫切需要升学规划

这是一个既整合又竞争的时代。

整合竞争这个词主要用于经济、企业环境等领域。

传统竞争是以单一企业为主体的排他性竞争，而整合竞争是以企业群组为主体的合作式竞争。

从经济学的角度来看，企业之间的竞争行为主要是因为特性资源的稀缺造成的。当资源不足时，不同企业就会展开激烈竞争，抢夺有限的资源，甚至为此付出较高的成本。

排他性竞争是你死我活，有你无我，有我无你的。而合作式竞争是相互协调，共创共赢，合理匹配的。

这样的竞争方式是由我们当下的国情所决定的，也是中国经济发展到一定阶段的产物。

当中国经历了国立、国富、国强三个阶段，我们可以看到：在一个国家里，最厉害最优秀的那拨人分布在政界、商界、学界。

中国著名战略咨询专家小马宋有一句经典的话：如果最厉害的人分布在政界多，这个国家就是发展中国家：如果最厉害的人分布在商界多，这个国家就是发达国家。

我为什么要讲这个呢？

因为我们国家的战略目标是从发展中国家逐步成为发达国家。

我们国家最新的发展战略——2035年远景目标具体为：

我国的经济实力、科技实力、综合国力将大幅跃升，经济总量和城乡居民人均收入将再迈上新的大台阶，关键核心技术实现重大突破，进入创新型国家前列；基本实现新型工业化、信息化、城镇化、农业现代化，建成现代化经济体系；基本实现国家治理体系和治理能力现代化，人民平等参与、平等发展权利得到充分保障，基本建成法治国家、法治政府、法治社会；建成文化强国、教育强国、人才强国、体育强国、健康中国，国民素质和社会文明程度达到新高度，国家文化软实力显著增强；广泛形成绿色生产生活方式，碳排放达峰后稳中有降，生态环境根本好转，美丽中国建设目标基本实现；形成对外开放新格局，参与国际经济合作和竞争新优势明显增强；人均国内生产总值达到中等发达国家水平，中等收入群体显著扩大，基本公共服务实现均等化，城乡区域发展差距和居民生活水平差距显著缩小；平安中国建设达到更高水平，基本实现国防和军队现代化；人民生活更加美好，人的全面发展、全体人民共同富裕取得更为明显的实质性进展。

《“十四五”规划纲要草案》在开篇中指出，该纲要是中国开启全面建设社会主义现代化国家新征程的宏伟蓝图，是全国各族人民共同的行动纲领。

所以，政界和商界的整合竞争现象是非常常见的。

因此，我们可以看到，商界的很多现象会迁移到家庭中。我们就会看到：家长会不由自主地带着内卷气质回到家庭中，就会要求孩子更加努力，而无视孩子的成长规律。

与此类似，整合竞争的现象也会出现在家庭场景里。我们可以看到，有的父母尤其是高知父母，包含我的一些至尊卡客户，他们有的是华为首席架构师，有的是财富 500 强中国区 CEO，有的是中国农业大学长江学者等，都会认为：孩子们之间的竞争不再是你死我活的排他性竞争，虽然优质的教育资源有限，学位有限，985、211 之类的高校有限，“藤校”有限，但是，未来社会的孩子首先要学会合作，其次才是竞争。

这一点和我的理念非常一致。因此，这些家庭会在一次升学评估规划之后就直接选择最高的服务了。

提高自我的认知，提升自己的维度，是家长们帮助自家孩子的先决条件。

回到升学规划的场景，我们可以看到，升学不再只依靠一个维度——成绩。而是开始审视孩子的其他维度。例如：（1）特长。每个学校尤其是名校，都会招募特长方面很突出，而学科方面比较一般的学生。像清华大学每年招的特长生名额都不少。目前看，很多优秀学校、重点学校的特长生都非常多，不少中学还有因为特长而保送高中的优惠条件。所以，家长们要去自己所在的地区了解一下具体的情况。（2）竞赛。像五大学科竞赛（数学、物理、化学、生物、信息学），它们分为市级、省级、国家级决赛和世界奥赛这 4 个级别，多数孩子都是在竞赛特色学校尤其是那些市重点、省重点学校当中，由学校统一安排的奥赛教练来陪跑的。过去，竞赛生在分数上有降分录取的优惠条件。这两年，竞赛生还有更私密的签约路线，特别优秀的学生，可能会被“强基计划”招揽。（3）自荐。自荐是多数父母和孩子都没有勇气去做的一件事情。无论是幼升小、小升初，还是初升高当中，在面对名校的时候，父母如果提前规划好，带着一份超级强的简历投递给学校，孩子也有很大的概率会被录取。比如我们操作的一个实际案例：北京的一个六年级孩子，他奥数不行、语文一般，但是英语极其突出，六年级英语已经达到剑桥 5 级的 CAE 水平。他的父母想把他的简历投递给人大附中，于是就是在学校门口等校长，最后成功使这个孩子获得了入学资格。

在这样的升学逻辑之下，孩子和同学之间就不再是单纯的排他性竞争关系。基于此，我们就可以用学习小组、特长组合等方式来进行规划，比如音乐组合、实验组合。升学路径也不再是单纯的排他性竞争关系，而是可以多条路径兼顾的整合竞争关系。

一个时代有一个时代的最强音。

整合竞争成为时代最强音的时候，升学规划也会受到影响。

向内探索的时代迫切需要升学规划

这是一个越来越向内探索的时代。

我们经历了疯狂利用各种矿产资源成为世界工厂的阶段，慢慢进入了挖掘内在智慧和创造力，发明创造生产中国人自己的产品和服务的阶段。

这是一个从中国制造到中国创造的阶段，从知识到智识的阶段。

在这个阶段，最重要的是，我们不再单纯崇拜西方发达国家，而是转向向内探求。我们发现：原来中华五千多年的文明很值得称道，中国人民从 0 到 1 再到 N 的创造力也是一流的。

北京大学教授刘丰曾说："生命的自由来自向内探求，追求意识维度的提升。"**生命中最重要的事情就是提升我们的维度。看待世界的维度不同，你的认知度和自由度就不同，也就是说，生命的自由来自意识维度的提升。没有一个生命是平凡的，每一个生命内在本自具足。**

我和很多创业者都做过深度探讨，发现不少成功的创业者不仅成功还很幸福。而另外一拨人却和我说：王姐，我虽然坐拥这么大的地盘，可是内心却非常慌乱。

这是为什么呢？

因为他们很少向内探索，从心出发，而是把注意力集中在层出不穷的问题上，集中在周围的人、事、物上，唯独忽略了自己，导致内耗增多。

我经常说：**“把世界缩小，把自己放大。”**

我在做升学规划、学霸孵化和升学陪跑的实践中，感受到的是：比起“70 后”“80 后”，“00 后”“10 后”的内心非常渴望活出自己，非常渴望父母的接纳和允许。

这是什么原因呢？

不少“00 后”“10 后”，一出生就生活在相对富足的家庭中，孩子们吃得好、穿得好、摄取的食物营养好、精神营养好，还有时间去博览群书，去逛博物馆、美术馆，去全国旅行乃至出国旅行。

根据马斯洛的需求层次结构，我们可以看到这是心理学中的激励理论，包括人类需求的五级模型，通常被描绘成金字塔型的等级。从层次结构的底部向上，需求分别为：生理（食物和衣服）、安全（工作保障）、社交需要（友谊）、尊重、自我实现。

所以，多数孩子从小就已经得到了生理需求的满足、安全需求的满足、爱与归属的满足，开始有被尊重的需求和自我实现的需求了。

在这样的情况下，如果一个孩子有自己的优势和特长，而家长却不允许、不支持的时候，孩子就会感觉到非常不爽。因为，在他们的心理预期当中，就是有这样的期待。

这时候，如果家长没给孩子做评估规划，那就是在盲养盲带。

甚至很多孩子会选择宁可不学习，也得去做自己喜欢的事情。我曾帮助的一个孩子，他在小升初的时候从中等偏上一路冲到了省重点初中。原本家长觉得孩子上了初中应该好好学习，努力考省重点高中，结果孩子提出来："我想写歌创作，想要去上伯克利音乐学院。"而且是迫不及待的。

在这样的情况下，孩子的父母和我商量要怎么解决。在征求孩子的意见之后，最终父母同意孩子放弃国内的中高考，去美国读高中，然后走音乐创作道路。

我们可以看到的是，如果在方法非常缺失的情况下，只是单纯压着孩子去学习，不考虑孩子向内探索的强烈诉求，必然会导致孩子产生逆反心理，严重的甚至会使亲子关系越来越糟糕。孩子每天都在内耗，当然无法安心学习了。

而做完升学规划的孩子就完全不一样了。一方面，孩子的特长得到了支持和培养；另一方面，孩子的内心得到了满足。孩子们在内驱力的驱动下，会生成不断自我完善的动力，学习成绩也会不断提升。

设计未来

通往名校之路

一个好的升学结果 = **能量 × 能力 × 规划** ^{2}。

钻石老师

- 本名徐高翔，“升学规划指导师”首席教练
- 首席咨询师（非学科提分 50～300 分）
- 资深升学陪跑顾问

如何让一个孩子升入理想的学校？

如何才能让一个孩子去到一个理想的学校呢？这是很多父母都关心、关注的问题。

在实际的升学提分咨询场景中，我也常问起不少父母这个问题："你觉得要做些什么，才能让孩子去到理想的学校呢？"

我听到的答案往往是这样的："那他得好好努力呀！""得认真学习呀，态度要端正、勤奋、努力，不然肯定没戏。""得用心，得把心思花在学习上，做好复习，做好预习，遇到难题要多琢磨。"

我想说："对，但也不全对。"

因为在现在的教育体制下，每个孩子都已经非常努力了。孩子们从小学开始就会陆续报各种课外班，到了初中更是挑灯夜读，学习到晚上 11 点、12 点都是家常便饭。我们能够感觉到孩子已经尽全力了，但很多时候孩子的努力和收获却不成正比。

付出不少，回报却不多，那到底问题出在哪里呢？

在这里，我要给大家分析一个常见的问题，并带着大家一起去透过这些现象，找到问题背后的原因。

曾经有一个来访者，他觉得自家的孩子学习态度不端正，做作业错了一大堆，老师让订正，孩子就是不想订正。做作业马虎了事，知识点一大堆都不懂，就这样还不好好学，课堂上跟不上，考试考得一塌糊涂。这位来访者心里很着急，觉得这样下去孩子以后可能连高中都考不上，便找到我们，希望能够让孩子的学习态度端正点，把成绩提上去。

那如何能让一个孩子变得“态度端正”呢？

其实，态度不端正只是一个现象，这个现象背后往往有着深层的原因。比如，孩子觉得学习没意义或者孩子根本没明白学习的意义是什么。

孩子们会认为：“老师不让我们看《鲁迅全集》，偏偏只节选其中一篇文章的一小段出来，问我这段表达了作者怎样的情感。我想鲁迅他老人家写这篇文章的时候，恐怕都没想过会这么考他的文章吧？我不明白学这些的意义到底是什么！每天都做这样无意义的题目，我实在是觉得太没意思了，不想做。”

如果孩子没有明白学习的意义，而父母、老师一味地强压，往往会造成孩子产生叛逆、厌烦的心理。

那要怎么帮助孩子重燃对学习的兴趣呢？

我来给你讲个故事吧！

曾经有对父母找到我们，说他们孩子的成绩全线崩溃，根本无从下手。而经过我们的系统测评后发现，孩子的音乐智能很高，这说明孩子应该是很喜欢与音乐、唱歌相关的事情。于是，在后续的升学提分咨询的过程中，我会时不时地去触动、点拨、激发孩子这部分的“音乐梦”，让孩子歌唱，让孩子谱曲，并适当地给予鼓励。进行了一段时间的咨询后，孩子内心燃起了对音乐的无限渴望。

直到有一天，我问孩子：“你是不是想成为一个音乐家或者大歌星？”

孩子说：“是的，这是我的梦想，我特别想成为一个大歌星。”

我说：“我觉得你完全具备这个能力，你在音乐方面有非常高的天赋。我听过你唱的歌，也感受过你谱的曲，太动人了，你的未来一定会有无限可能！你会成为舞台上那个最闪耀的大明星……”

听完我说的话，孩子的眼睛亮晶晶的。

我说：“你知道吗？要成为大歌星要有两种能力，其中一种就是对音乐的无限热爱和喜欢，这一点你已经具备了。但还有另外一种重要的能力，你知道是什么吗？”

“是什么？”孩子热切渴望地看着我。

“那就是写好歌词！你知道怎样才能写好歌词吗？那就是学好语文！”

那一刻，孩子用另外一个视角重新看待了“学好语文”这件事。他眼里泛着光，陷入了深思与遐想中。

在后续的提分升学陪伴过程中，孩子一路披荆斩棘，最终只用了一学期就拿到了非常不错的结果。更值得开心的是，“学好语文”这件事给孩子建立了对学习的无限自信，后来，孩子的数学、英语等科目全线开花，成了班上名列前茅的学霸。

故事讲完了，你收获了什么？

其实，每个孩子内心都有对未来的无限向往，他们有的想当作家，有的想成为编导，有的想成为商业大佬……我们要做的就是用爱、用拥抱、用支持的力量，去激发和引导孩子，让孩子燃起对未来的渴望，让孩子深度建立起和父母的连接。

毕竟，孩子的主动性，从来不是靠“要求”得来的，更多的是靠“影响”“感动”“认可”与“喜爱”培养出来的。

孩子，此刻你可能是不完美的，但没关系，我们会陪你一起变得更好！

有时你可能会因为成绩的不理想，而陷入自责，但要知道，其实你怎样都是最好的自己。

你可以紧张，也可以放松，都是可以的！

你可以平凡，也可以优秀，都是可以的！

你可以放声大哭，也可以肆无忌惮地大笑，都是可以的！

你可以坚强，也可以软弱，都是可以的！

你可以谦卑，也可以骄傲，都是可以的！

爸爸妈妈会永远陪在你身边！

接纳，是最温柔的力量；陪伴，是最长情的告白。每个孩子的生命，都是可以得到绽放的！

更有趣的是，对于学习的内在动力，很可能就蕴含在其中，你说是不是很奇妙？

读到这里，有的父母会产生另外一个问题：难道仅仅靠着爱、接纳和陪伴，孩子的成绩就一定会变好吗？孩子就一定能去到理想的学校吗？

当然不是！

爱、接纳和陪伴能给孩子带来内在的能量，这些能量会让孩子的内心有力量，遇到问题敢于突破，遇到挫折能够有勇气去面对。

但关于孩子的"成绩提升"和"升学"，实际上是一个系统工程，如果只有能量，没有能力和规划方面的投入，就容易陷入困境。如一个孩子原先很有动力，但投入了太多激情和努力后没有得到希望的结果，那么孩子的积极性就容易受到影响。

所以，除了能量以外还有一个重要的部分，就是孩子的能力。

那到底什么是孩子的能力呢？

我认为，一个孩子的能力强不强，大体上可以从三个方面来看：（1）记得住。学完东西，能不能记得住。（2）理解强。接触到一个新知识，能不能快速理解清楚。（3）触类旁通。改正了一个错题，能不能触类旁通，相关的题型是不是都懂、都会。

如果以上三个方面孩子都能做好，就说明这个孩子的能力强。

能力强能给孩子带来的直接好处是：学习效率能有非常大的

提升，从而在学习上能够事半功倍。

不少人认为能力是天生的，但在我看来，所有的能力都是可以通过后天训练得来的。只要掌握一些具体的、有效的方法，针对性地进行训练，孩子的记忆力、理解能力、触类旁通的能力，都能得到有效提升。

在外在呈现上看，人们会认为这个孩子“很聪明”，但实际上，经过一系列的有效训练，孩子就能达到这个状态。

因为篇幅限制，我在这里简单描述一下触类旁通的能力要怎么训练。

用一个最常见的场景举例，语文考试的“阅读理解”里经常会出现一类题型：题目问：“第几自然段的作用是什么？”

正确答案是：“总结上文，引出下文。”

但孩子写成了：“突出中心。”

学渣

一边看着正确答案，一边心里想着：哦，这个不叫“突出中心”，而叫“总结上文，引出下文”，看看正确答案，再扫一眼这个段落，然后结束，下一题。

这种做法就没有任何实质性的作用，下次考试如果再出类似的题，孩子可能还是会写错，因为通过这个错题，孩子并没有深刻意识到自己到底错在了哪里。如果所有的科目孩子都以这种方式来复习，孩子的成绩大概率是好不了的。

学民

孩子看着这道错题，做了一番思考："嗯，'总结上文，引出下文'，我对这个知识点好像不太熟，我该怎么增强针对这个知识点的甄别能力呢？"

于是找来和这两个知识点相关的题，仔细比对"突出中心"和"总结上文，引出下文"在段落中有什么不同。比着比着，发现了细微的差别之处，于是慢慢形成了对于这两个知识点的正确认识。以后再遇到以这两个知识点为考点的题时，孩子就不会出错了。

学霸

孩子会想："总结上文，引出下文"是一个知识点，"突出中心"也是一个知识点，我觉得跟这个知识点有关的是一个"面"，与这两个相关的一定还有其他知识点。于是开始搜集资料。整理之后发现，原来和段落作用有关的知识点还有：开门见山、突出中心、承上启下、照应标题。这类知识点有一个统一的"根"知识点，叫作"段落作用"。

学神

跟阅读理解有关的，除了"段落作用"以外，还有什么其他的"面"？

经过询问老师、上网查资料，发现跟阅读理解有关的考法还有：（1）考“段落理解”的，会用“偷换概念”“以偏概全”“推断无据”的方式，给学生一些总结或结论，让学生判断对不对。（2）考情感的，比如会问学生“句中流露出了怎样的情感？”看学生对各种情感的理解对不对，准不准……

你会发现，学神会通过一个“知识点”，探索到一个“知识面”，再从一个“知识面”，发现一整个知识框架，一个“知识体”。

当一个孩子使用了学神的学习方法来学习时，一段时间后他就会成为父母眼中的那个“别人家的孩子”。

“别人家的孩子都会触类旁通，一个知识点讲一下就通了，你怎么就是学不会呢？”这是很多父母经常训自己孩子的方式，殊不知“别人家的孩子”很可能只是掌握了一系列有效的学习方法，让自己的学习效率更高效、更系统而已。

这种能力和聪明有关系吗？或许有，但或许也有一些部分和学习方法有关。

接下来，我来为你分享“规划”的部分。

到底什么是“规划”呢？

简单来说，就是让孩子在正确的时间，做正确的事。

举几个例子：

在孩子1～2岁这个时期，如果你能有效地训练好孩子的注意力、听力，孩子长大了，注意力就更容易集中，语言敏感度就能更好。

有的孩子英语成绩很好，往前考察就会发现，这些孩子很可能是在婴幼儿时期妈妈就给孩做了大量的磨耳朵训练，给这个年龄段的孩子放了非常多的英文朗读、儿歌。

孩子在 3～5 岁的阶段，开始对数学逻辑、概念和符号敏感了。这时候如果能带着孩子做一些思维训练、加减法练习，孩子的数学底子就能构建得很好。这是数学好的基础。

小学二年级以前，家长需要带着孩子做一些兴趣方面的探索，因为孩子今天的兴趣，很有可能就会成为明天的“长板”。每年都会有大量的孩子通过科技特长、体育特长、艺术相关优势进入理想学校。

很多优质的初中、高中为了提升自己学校的综合实力，也会特招一些擅长打篮球、滑冰、编程、体操等方面的孩子。这些优秀的长板，很可能是在孩子二年级以前，通过不断探索发现的。

每年至少有 40% 的孩子是通过各类竞赛、特长被知名大学纳入麾下的。

那你说，规划重不重要?

有一个会规划的妈妈，没准就能节约孩子一半的努力。这就是规划的力量!

一个好的升学结果 = 能量 × 能力 × 规划 ^{2}。

能量高，孩子就能勇于突破困难，勇往直前；能力强，孩子就能事半功倍，效率N倍提升，好结果自然水到渠成；规划得好，就能让孩子在合适的时间，做合适的事，让结果能够得到数十倍的放大。这就是成为学霸，升入理想学校的秘密。

分数的背后：深入探究考试成功的秘密

清华学霸的分数决定系统

“分分，学生的命根”，这是从小我爷爷奶奶就经常挂在嘴边的话。我的爷爷奶奶都是尽职尽责的教师，而他们最骄傲的学生就是我。我出生在内蒙古的赤峰市，很小的时候就在爷爷奶奶的安排下学习各种科目，大概在小学四五年级时，我便能自己主导自己的学习，在这个过程中，爷爷奶奶的教导对我影响深远。在他们的影响下，学习对我来说，就像呼吸一样自然，轻松而富有成效。

回想高中时期，我清晰地记得有些同学在过年期间，选择在学校从早到晚刷高考真题。每当看到他们那样拼命努力时，我并没有跟随他们的脚步。因为我从不觉得自己没有他们努力，我也不用靠堆砌时间来得到一个好的分数。我的学习方式更注重效率和深度理解。**我相信，通过聪明地学习，比长时间的苦读更能取得成就。**这种方法使我始终在学业上保持领先，最终以全省第十五名的优异成绩，进入了我梦寐以求的清华大学。

大学毕业后，我选择成为一名教育培训机构教中学物理的老师。在这个角色中，我接触了成千上万的学生，见证了各种各样的学习方式和教育结果。我发现，成绩优异的学员并不总是那些日夜苦读的人。相反，他们往往拥有更加高效的学习方法，以及更为均衡的生活和学习态度。这些经历让我更加坚信，**成功的学习不仅仅依赖于努力，更在于采用正确的学习方法和保持正确的学习态度。**

在我从教的这些年里，听到家长经常提到的，以及老师和孩子们说得最多的一句话就是：一分一操场。在教育竞争极其激烈的北京，这句话一点也不过分。对于学生而言，去一个好高中、好大学靠的就是分数；对于家长而言，看孩子是否进步靠的也是分数；对于学校的老师而言，判断孩子是否应重点培养，看孩子是否进步靠的还是分数。分数这么重要，这是有目共睹的，而我想说：**“数字本身不是目的，真知灼见在于揭开这些数字背后的奥秘。”**

结合我的成功学习经历和从教经历，分数看上去是个数字，但是背后隐藏的信息却相当多。我用一个理论框架概括一下。分数成绩是个结果，影响结果的是学生的学习过程，也就是学生在平时的行为。在这里有三个维度，分别是显性层、隐性层和支撑层。显性层是学科能力和应试策略；隐性层是学习习惯和学习方法；而支撑层则是学习动力和学习环境。这三个层次共同构成了学习和考试的整体框架，是我在教学中始终强调的核心。

在接下来的章节中，我会深入解析这三个层次，并分享我在教育实践中积累的经验和策略。无论是作为学生的我，还是作为教师的我，始终相信，每个人都有潜在的能力去实现他们的学习目标和生活目标。通过正确的方法和态度，每个学生都能找到属于他们自己的成功之路。

在这个旅程中，我希望我的经历和见解能够激励和启发每一位读者。无论是学生还是家长，了解学习的真正意义，掌握有效的学习方法，将会是通往成功的关键一步。这不仅是关于分数的追求，更是关于潜能发掘和个人成长的旅程。

显性层——高分直接的体现

在我作为中学物理教师的职业生涯中，我帮助过很多学生进行了试卷分析。大多数情况下，我们看到的都是显性层的内容，即学科能力和应试策略。例如，当一个学生在语文试卷中没能正确默写古诗，我们就让他去背；在数学试卷中解方程出现错误，我们就让他多练解方程。这些都是在显性层中所发现的问题以及制定的解决方案。

在处理这一层面的问题时，我们需要具备出题人的思维。编制一套试卷的过程大致是这样的：出题人首先依据大纲选择知识点，然后从知识点中提炼出考点，确定考查的方式和题型，最后扩充题型，形成具体的题目。我们举个例子来看一下：

我现在作为出题人想要考察物理中的牛顿第二定律。

1. 知识点本身表述了力、质量和加速度之间的关系。第一步就是将这个知识点作为出发点。

2. 下一步是提炼考点：计算在给定力的情况下物体的加速度。

这要求学生不仅要理解定律的文字表述，还要能够将其应用于具体问题的求解中。

3. 接着，需要决定如何考查这个考点。考查的方式可能是公式应用，可能出的题型是具体的计算问题，如："一个质量为 5 千克的物体受到 20 牛的力，计算其加速度。"

4. 最后一步是将这个题型扩充成一个具体的题目，可以包装在一个具体的情景中和其他知识点结合考查。比如，在月球上的探测车的质量是 5 千克，在水平向前行进的过程中推动力是 30 牛，阻力是 10 牛，均恒定不变。从静止开始运动 10 秒后，探测车的速度是多少？

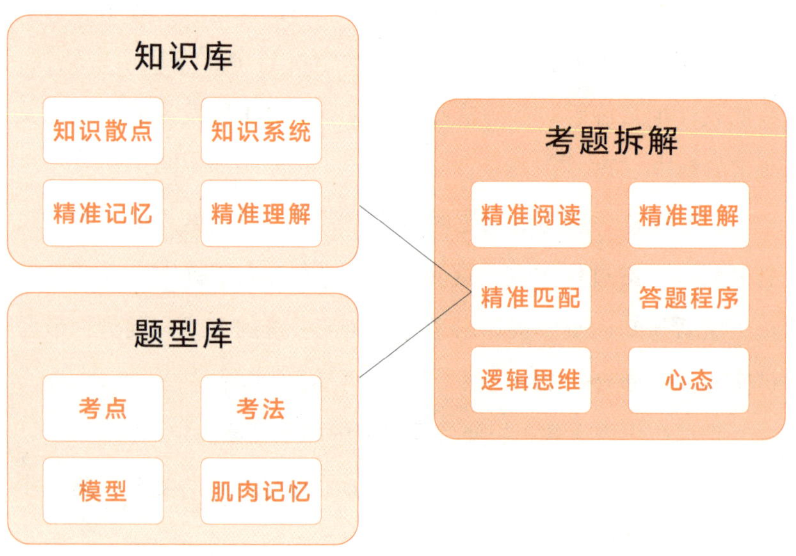

学生在答题过程中的任务是，尽可能地使自己的答案接近标准答案。在整套试卷中，与标准答案的匹配度越高，学生的得分就越高。这也是我们在显性层训练的重点，上图就是我们在处理一道问题时的模型。

为了有效地提高在显性层的表现，学生需要培养一种“见招拆招”的能力，即破解出题人的出题套路。解题的关键能力包括精准阅读、精准理解和精准匹配，再结合逻辑分析来得出答案。我们还是以刚刚那道题目为例来看下破解过程。

1. 精准阅读：一定要明确题目中的信息分类。哪些是出题人的包装信息，也就是情景类信息，对解题无效；哪些是出题人给出的直观信息，例如5千克、30牛、10牛、10秒；哪些是隐含信息，例如水平、恒定不变。

2. 精准理解：对于在题目中阅读到的信息要准确地理解，第一是识别出题人在题目中可能会挖的一些坑；第二是要把题目考查的点梳理出来，这道题有：力的合成、牛顿第二定律以及匀加速运动。

3. 精准匹配：把从题目中准确理解的信息和学过的知识匹配，力的合成法则、牛顿第二定律表达式、匀加速运动速度、时间、加速度的关系。

4. 逻辑分析：这部分是通过逻辑分析来构建答题程序，求合力——求加速度——求速度。

5. 按照分析顺序写答案。

当然，我们必须考虑到考试是在有时间限制的情况下进行的。为了应对这一挑战，学生需要在日常学习中构建两个“库”——知识库和题型库。我们先来说题型库，其目的一方面是通过题目的应用来巩固所学知识，也就是学生平时上课学的例题、日常作业题、阶段性小考试以及自己额外的练习题；另一方面是将高频考题变成肌肉记忆，以便在考试中迅速准确地完成。肌肉记忆的好处在于，它可以大大加快答题速度并提高准确性。

我们可以用赛车手在赛道上的驾驶来类比这一点。想象一位经验丰富的赛车手在熟悉的赛道上飞驰。由于长时间的训练和比赛，赛车手对赛道的每一个弯道、每一段直道都了如指掌。他的反应几乎是本能的，不需要在每个转弯处都重新分析该如何驾驶。这种肌肉记忆使得他能够在赛道上以最快的速度行驶，同时保持高度的精确性和安全性。相比之下，一个没有形成这种肌肉记忆的新手赛车手可能需要在每个弯道前减速，小心翼翼地分析每一次转向，这不仅降低了他的赛道速度，而且增加了其犯错的可能性，因为在高压力和快速变化的环境下，过度的分析可能导致判断失误。

同样，在考试中，如果学生能够通过重复练习建立起正确的肌肉记忆，那他们在遇到熟悉的题型时就能迅速而准确地做出反应。这种训练使他们能够像经验丰富的赛车手一样，在考试的“赛道”上高效地“驾驶”，避免在每个问题上过度分析，从而减少犯错的可能性。

考试中总会出现一些不在题型库，无法使用肌肉记忆处理的题目，所以，在每次遇到一道新题时，就需要使用知识库来应对了。知识库是每位学生独立构建和发展的个人知识体系。这个体系并非仅由老师和书本直接传授，而是需要学生自己去整理、理解和内化。老师和书本提供的是学科专家经过总结和提炼的知识，但真正强大和有效的知识系统是学生基于这些信息，通过自己的努力构建的。

我们通常在课堂上是按小节学习的，因此获取的知识往往是散点化的。为了有效地解决复杂的问题，学生需要理解不同知识点之间的关联。以前面物理题目为例，解决这个问题需要理解合力、牛顿第二定律和匀加速直线运动三个知识点之间的关系。这种关联性是知识系统的核心，它将散点式的知识串联成一个有逻辑性的整体。因此，一个有效的知识库应该包含的不仅是单独的知识点，而是这些点相互连接而形成的完整知识系统。

为了在解题时能精准匹配，学生还需要建立类似于网页搜索的目录索引。这样，就像在互联网上准确搜索信息一样，学生可以在知识库中快速找到所需的信息，从而提高学习和解题的效率。

此外，知识系统还要求学生对每个知识点进行精准记忆，避免记忆错误。这就像默写一样，哪怕是一个字写错都将导致题目无法得分。同时，学生还需要精准理解每个知识点的含义，包括它的考查方面、难点和易错点。这些都是构建题型库时的重要参考，因为这些点往往是出题人的高频考点。

总结一下在显性层，我们着重训练的是学科能力，包括知识能力、知识库构建及解题应用；做题能力，题型库构建及肌肉记忆；思维能力，逻辑分析及答题程序。除此之外，应试策略也是一个重要的组成部分。例如，高考选科的策略会影响最终的分数，通过影响排名而影响录取院校的级别。应试能力侧重于考试答题技巧，在考试时看到综合题，先做自己擅长的部分，再去集中处理自己不擅长的部分。稳定发挥，这在一定程度上依赖于上文提到的肌肉记忆和解题逻辑，但是更多的是会受到支撑层因素的影响，心态的部分我们后面再详细去说。

虽然显性层因素对于分数至关重要，我们也能直观地看到学生在这一层面所暴露出的问题，但仅仅针对这些问题进行解决是治标不治本的方法。每个学科在显性层可能面临不同的问题，我们不可能为每个学科都制定一套单独的解决方案，这样效率较低，学生的时间也是有限的。因此，我们还需要关注隐性层的部分，以便更高效地解决一些学科共性的问题。

隐性层——高效提分的关键

在学生学习的过程中，显性层虽然至关重要，但仅仅关注显性层是远远不够的。真正的学习效果和成绩提升，往往发生在更深层次——隐性层。**隐性层涵盖了学习方法和学习习惯，是高效**

学习和长远成功的关键。我们先来看学习方法的部分，主要包含了知识方法、刷题方法和思维方法。

知识方法的目标自然就是高效地构建显性层的知识库。在学习过程中，我们主要通过看书预习和上课听讲等场景来接触新知识。然而，在这些场景中，没有合适的学习方法往往会导致学习效果不佳。同样都经历预习和听讲两个过程，下面两个同学的学习效率却天差地别。所以，千万不要只做形式上的模仿，而要关注做这个学习动作的精神内核。

小 A 在看书预习时只是被动地阅读课本，没有主动地思考或提出问题。这种表面的阅读很难帮助他深入理解和记忆知识点。在课堂上，他也只是机械地记笔记，而不是积极地聆听和理解老师的讲解。这导致他虽然记下了很多信息，但并没有真正吸收这些知识。

小 C 在预习时，先浏览即将学习的章节，提出可能的问题或疑惑，然后在课堂上关注这些问题的解答。这种主动学习的方法有助于提高课堂参与度和知识理解。在听讲时，他也参与课堂讨论，积极思考老师提出的问题，这样可以更好地理解和记忆课堂内容。

小 A 和小 C 在“形”上都预习和认真听讲了，但是他们“神”的方法不同，就会使得他们在学习新知识时的知识记忆精准度和理解精准度是不同的。这就是学习方法带来的效率差。

以此类比，学完新知识后的复习也是一样的，学生看上去都复习了，但是知识的系统性以及知识系统在记忆中的牢固性都不同，自然也会导致知识系统的差异。在此简要说几个构建知识系统的有效方法。

概念地图：使用概念地图来串联不同的知识点。例如，绘制一张图表，展示不同物理概念之间的联系，如力学、能量守恒等之间的关系。

关联记忆法：将新学的知识与已知知识关联起来。例如，将新学的化学反应与之前学过的反应类型相比较，理解其相似之处和不同之处。

故事化记忆：将知识点融入一个故事或场景中，帮助记忆和理解。比如，用一个日常生活的故事来解释一个数学问题。

定期复习：定期复习学过的知识，可以采用闪卡、自测等方法来强化记忆。

我们再来看刷题方法。很多学生做了大量练习，但效果甚微的情况常常发生。例如，学生可能重复做许多题目，却始终无法掌握核心概念。同样的错误反复出现，这说明他们在练习中缺乏正确的方法和深度理解。在此提供两个高效的做题方法。

第一，完整地走一遍例题解题过程：学完一个新概念之后，学生应该按照课本或老师提供的例题完整地走一遍解题过程。即使题目看起来很简单，也不应跳过任何步骤或忽略解题程序。这有助于学生深入理解解题逻辑和方法。例如，学习代数方程后，应该从设置方程到求解，每一步都亲自操作一遍，而不是仅仅看懂就算了。

第二，有选择性地练习习题册：在使用习题册时，学生不应该机械地刷题，而应有选择性地挑战自己。这包括区分哪些题目属于他们的“舒适区”（即已经掌握的题型），哪些属于“拉伸区”（即有难度、需要努力理解的题型）。举个例子，很多学生在刷题时倾向于重复做自己已经会的题目，这虽然让人感到舒适，但对其能力提升帮助不大。相反，当他们遇到难题时，往往选择跳过，这就错过了挑战自我、提高能力的机会。学生在练习中应该主动寻找那些能够推动他们走出舒适区的题目。面对这些难题，即使一开始不能完全解决，也不应该放弃。而是通过分析问题、寻求帮助和不断尝试，逐渐掌握解决这类问题的技巧。这种面对挑战的态度，有助于他们在具体的学科上进步，也是培养解决复杂问题能力的重要过程。

关于思维方法，可以等同于思维能力。底层的思维方法对学习效率的影响也会很大。我们还是看一下小 A 和小 C 的对比，就知道思维方法的影响了。

小 A 在学习时，通常只关注记忆和重复。面对问题，他往往只寻找一种固定的解题方式，不愿意尝试新的方法或思考问题的不同角度。例如，在数学问题上，小 A 只依赖记住的公式和流程，没有探索问题背后的数学概念或原理。

与小 A 不同，小 C 在学习时更注重理解和创新。面对同一个问题，小 C 会尝试多种解决方案，思考每种方案的优劣，并尝试理解其背后的原理。在数学问题上，小 C 不仅记住公式，还会探索公式的推导过程和应用场景。

在此也给大家提供一些有助于学习的思维方法：**批判性思维，**

也就是能够独立分析信息和论证，对信息进行评估和质疑；创造性思维，在遇到问题时，能够提出新颖的观点和解决方案；系统性思维，理解复杂系统和问题的整体性，看待问题时能够考虑到各个部分之间的相互作用。

说到学习习惯部分，很多家长都说自己的孩子没有好的学习习惯。其实大部分家长说这话的时候，看到的是知识学习行为，也就是在显性层的动作，比如预习、复习、刷题等。而学习习惯部分包含的最重要的三个维度是时间管理、目标管理和思考习惯。在此，我简要地介绍一下。

首先是时间管理。有效的时间管理是学习成功的基石，它不仅涉及学习方面，还包括生活和娱乐的各个方面。一个良好的时间管理计划，应该确保以下这几个方面都得到适当的关注和平衡。

第一，整体平衡观念。成功的时间管理首先需要建立在对时间的整体平衡观念上。学生需要认识到，除了学习，身体健康、社交活动和休闲娱乐也同样重要。例如，一个平衡的日常安排可能包括专门的学习时间、体育锻炼、与家人和朋友的互动以及个人放松时间。

第二，学习时间的分配。在学习时间的管理上，关键在于如何有效地分配时间。这需要学生根据自己的学习需求和优先级来进行安排。如果数学是学生的弱项，可能需要安排更多的时间来练习；如果学生对文学有浓厚的兴趣，也可以适当分配时间来阅读和分析文学作品。

第三，任务和时间的具体管理。对于每个学科，学生应该明确具体要完成的任务，比如完成一定数量的练习题、阅读特定的章节或准备即将到来的考试。每个任务都应该有明确的时间限制，以确保效率和避免拖延。例如，学生可以设定每天晚上花一个小时来解决数学问题，或者每周末花几个小时来复习和预习即将上的课程。

其次是目标管理。设定明确的学习目标对于提升动力和效率至关重要。一个学生在安排学习任务时，应该有明确的目标，而不仅仅是为了完成任务而学习。这意味着学生应该理解学习的目的和预期的成果，而不是仅仅因为家长或老师的要求。例如，学生可以设定目标为提高数学成绩、掌握一个复杂的物理概念，或者提高阅读理解能力，而不仅仅是完成作业。

还有一个更重要的是思考习惯。**定期的自我反思和评估是提升学习效率的关键。**学生应该经常回顾自己的学习过程，识别哪些方法有效、哪些不太管用，并据此调整学习策略。例如，通过回顾过去的考试，学生可以发现自己在哪些类型的题目上出错最多，然后针对这些领域进行额外的练习。这种自我反省使学生能够持续优化自己的学习过程，使学习更加高效和有针对性。

隐性层是一些更底层的学习方法和习惯。显性层和隐性层都做好，孩子在学习过程中自然会高效，最终的成绩也会更理想。在这里还有个更底层的关键问题，那就是孩子如何能自主、轻松地做到上述所说的，这就需要我们了解接下来要讲的内容——支撑层的部分。

支撑层——激发学习的根基

支撑层是我们让孩子用动力和心力做好隐性层和显性层要求的学习工作。在这一层中，包含了学习动力和学习环境两个关键要素，它们共同构成了支撑学生学习的基础。

学习动力包含了动机、兴趣和规划。内在的动机，如对未来职业的憧憬或对学习成就的追求，是推动学生持续学习的重要因素。**学生的兴趣是学习的主要驱动力之一。**当孩子对某个学科或主题感兴趣时，他们更有可能投入时间和精力去深入学习。我们可以通过做霍兰德兴趣类型测评去辅助了解孩子感兴趣的方面。明确的学习规划能够帮助学生有目的地进行学习，设定可实现的短期和长期目标，从而有效地引导学生进行高效学习。

学习环境包含家庭、学校和社交等方面。**一个充满支持和鼓励的家庭氛围对孩子的学习至关重要。**家长的态度、家庭成员之间的交流方式，以及家庭中的物理环境，例如一个安静、整洁、配备适当学习设施的学习区域，都直接影响孩子的学习效果。学校提供了学习的主要场所，其学习氛围、文化氛围、师生关系以及学习资源对学生的学习态度和成绩有着重要影响。同龄人、老师和其他社交关系对学生的学习态度和表现也会产生影响。**例如，一个健康的竞争环境和积极的同伴关系可以激励学生更好地学习。**

设计未来

通往名校之路

有规划的人生是**蓝图**，**无规划**的人生是**拼图**。

甘运霞（小溪）

- “妈妈好绽优势陪伴闺蜜圈”创始人
- 5～18 岁优势升学规划师
- NLP 简快治疗师、青少年身心整合健脑操调和师

教育是做正确的事，而不是改错
——送给天下的妈妈

鹰的重生

老鹰是世界上寿命最长的鸟类，它的寿命可达70年之久。但它在40岁左右时，爪子已经开始老化。它必须做出困难却重要的决定：要么等死，要么历经一个十分痛苦且漫长的过程来磨炼自己。在这个过程中，它必须很努力地飞到山顶，在悬崖上筑巢。它要击打岩石让喙脱落，直到长出新的喙，并用新长出的喙一根一根拔掉自己厚重的羽毛，直到5个月后长出新的羽毛。

我是小溪，今年41岁，刚刚生完三宝（小女儿）。我在今年完整地经历了如老鹰一般的重生蜕变。在这里，非常开心与大家分享我的生命故事——一个中年女性的涅槃与梦想。

我的人生分为上半场和下半场。

因为人生前40年，我是一个凡事都要争第一的人。我坚信拼搏使人进步，坚定目标，不达目标绝不罢休，人称“打不死的小强”。虽是小小的个儿，但身体里有大大的能量。

41岁的我，开始成为一个凡事能体验当下，有松弛感，看人看事能洞见本质，正在享受陪伴孩子的乐趣的三娃妈妈，而我也因此活得更轻松满足。

人生如果有两极，那必定是成功与幸福。我的上半场都在追求成功，而下半场，我正在用心体会幸福。

能收获到今天的幸福，是因为王姐对我长达一年的至尊陪伴。这也是这套升学陪伴系统的强大之处，不仅对孩子有效，对成人亦然。

人生上半场，不负青春

学生时代：从小学一年级就开始拿奖学金，喜欢学习，享受学习，成为同学们和老师们喜欢的人。

青春时代：完成自己17岁定下的梦想——想从事有关英语方面的工作。我在深圳从事外贸工作近7年，极大地丰富了我的阅历，并与德国、美国、瑞典、芬兰、法国的很多客户成了好朋友。

成人时代：先生从华为离职，我们一起在深圳打拼，创业10年，陪伴先生充分发挥我的管理和人际优势，他主外我主内，帮助公司把产值从负数扩大到近亿元。在这个过程中极大地锻炼和扩容了我的心力与能力。

成为三娃妈妈：这是最让我感恩，也是最历练我的人生经历。我有三个孩子：两个男孩一个女孩。我常常感恩如此幸运实现人生的圆满，甚至会有一种错觉，自己好像是为亲子教育而生。在陪伴三个孩子成长的过程中，有苦有泪有欢笑有痛苦，这一切好像都是为我的梦想“一书一图，优势陪伴”而准备着。

人生下半场，在痛苦中蜕变

每天醒来，总有一股动力在推动着我不断往前，我知道这是系统的能量。

当我偏离规律和轨道的时候，身边总会有事情来提醒我，唤醒我。

当我陶醉在企业业绩不断上升和突破的成就中，我忽视了，除了有事业，我还是一个妈妈，家庭和孩子也是我另一个非常重要的修炼场。

凡是不平衡的都会让你痛，这份痛会让我们自我觉醒，自我成长，去获得新的平衡。

我就是在这样的不平衡中被唤醒的。

因为早出晚归，我忽视了对孩子的教育。当我发现孩子有不自信的苗头时，我心急如焚，于是从 2015 年开始投身教育行业，这一晃眼就是 9 年过去了。

最初 5 年的家庭教育学习，让我重新认识到孩子的动力启发是如此重要，因此，我决定要培养孩子终生幸福的能力。这也成功地激发了我的教育热情，于是我在 2019 年创办了自己的教育公司——叁能教育文化有限公司。

后面的天赋教育，让我意识到每个孩子都是独特的存在。家庭教育可以解决一些普识的问题，但有些普识的方法对于 A 孩子是适用的，可能对于 B 孩子则是相反的。这就需要因材施教。我积极投身于天赋教育的学习约有 3 年，在这期间，我了解了孩子的性格、脑科学大脑生理结构的不同、学习风格与学习管道的不同、孩子的十大潜能和八大显能的不同，也因此知道了每个孩子性格中根本价值观的不同，导致亲子沟通的方式不同。

之后，我成为孩子的学习教练，又了解孩子学习的底层规律、学习动力因素、每个学科的独特学习方法，以及如何帮助孩子提升学习能力，如记忆力、专注力、逻辑思维能力、反思能力、时间管理能力等。此后，我还学习了健脑操，旨在帮助孩子整合大脑，通过玩的方式让孩子可以快速进入大脑高效整合的学习状态，让孩子轻松学、高效学。

近两年，我又跟随中国 NLP 导师、系统动力学创始人李中莹老师系统学习心理辅导创伤疗法、应用式系统排列、NLP 执行师等，系统掌握了 108 个简快后现代心理学实操技术，能快速帮助父母和孩子解决情绪困扰、限制性信念、原生家庭创伤、亲子关系、夫妻关系等需要一对一咨询的难题。

有人说："心在哪里，成就就在哪里。"

也有人说："热爱在哪里，创造力就在哪里。"

经过自己近 9 年的学习、探索、积累，我独创了一套"一书一图，优势陪伴"的优势养育体系，影响了上万户家庭。

最幸运的是，我遇到了生命中的"娘家人"——王姐。原来，她的整套升学规划体系也是基于此，我就像一个走丢的孩子找到了家。**这两年我跟随王姐学习，更加系统地完善了这套优势养育陪伴体系。在动能和学能的基础上，增加了效能，为孩子的升学规划提供资源、信息和陪伴服务。孩子的每一个升学节点都是他们人生路上非常重要的里程碑。**

一书一图，优势陪伴，未来已来

想象从怀孕那天起，就有人陪伴你，让你了解胎儿的生长过程，让你注意在孕期如何更好地帮助宝宝成长，帮助你更好地孕育一个健康富足的宝贝。

当宝宝呱呱落地的那一刻起，就有人给你一本孩子的成长发展手册，上面有各个阶段孩子生理成长与心理成长的注意事项。

当宝贝 3 岁时，你就有了一本专属于宝贝的人生说明书手册，让你能了解宝贝的十大潜能、核心性格模式、可能的兴趣方向，让你能了解孩子的优势智能和弱项，帮助孩子有目的、有规划地选择兴趣班进行培养和发展。

当孩子进入幼儿园后，你就有一份关于孩子未来 15 年求学之路、升学之路的关键规划，从心理准备、学习动力、学习能力、家庭养育等方面给予全方位的陪伴支持。

我就是带着这样一个美好的梦想，在这 9 年里默默完善着心中的这个目标。

一书（人生说明书）

这个世界上没有两片相同的叶子，也没有两个一模一样的人。

每个孩子都是独特的。

作为孩子最亲近、最重要的人，了解并理解孩子是为人父母必修的一门功课。

我们通过 SI 系统、MBTI、多元智能测评、学习管道、学习风格、兴趣类型、心理状态、脑科学等专业系统测评，可以让父母全面地看见、理解、读懂自己孩子的优势、性格，让孩子建立高效的学习通道（听、视、动手、读、写等）。

父母是孩子最好的因材施教的养育者、陪伴者、支持者、引导者。

一图（育儿导航图）

加德纳博士的多元智能理论让我们知道，每个孩子都有自己独特的优势能力。

这可以帮助家长们结合孩子的优势智能、兴趣点，以及自己家庭的资源条件等进行综合评估，让孩子在选择兴趣班、升学路径、学业规划、学校规划上都能更高效、清晰、有效。

教育是做正确的事，而不是改错。

当有一个清晰长远的育儿导航图在手，了解孩子在幼儿园、小学、初中、高中都必备的心理能量素质、底层学习能力、关键素养等，父母就能高质量地陪伴孩子成长。而我们每天的陪伴则像在茫茫大海上有了灯塔的指引一样。我们要减少跳坑，少走弯路，毕竟，孩子的成长只有一次，时间不会重来。

优势陪伴

当有了一书一图在手，父母每天陪在孩子身边，就能读懂和理解以前不能理解的孩子的一些行为和做法。因为懂得了孩子的心理，了解了问题的本质，就会有对应的解决策略，让轻松育儿不再难于实现。

一书一图就像养育的原则，是定海神针般的存在，让父母心中不慌，有准则，有方向，并会在当下的日常陪伴中起到指引的作用。

当明确了孩子的一书一图，我们的陪伴会以优势为核心，顺应孩子的优势、兴趣去支持他、陪伴他，让他成为最好的自己。

陪伴能量——动力

父母最愁的就是孩子的学习没有动力。

而学习动力来自孩子的生命能量。很遗憾的是，大部分父母都不自觉地在应试教育的洪流中内卷，而忽视了孩子本身。

其实，孩子的生命能量主要来源于：（1）夫妻关系。对于孩子来说，学习是最不重要的事，最重要的事是父母如何，父母的关系如何。这就是生命铁三角关系。当父母的关系不好时，孩子总是担心着，导致能量内耗，无法专注于学习。这部分我们会通过简快积极心理辅导的 108 个技巧，来帮助父母成长，以此给孩子创造一个充满安全感和爱的环境。（2）被看见，被认同。生命的本质是渴望被看见。但亲子关系的矛盾冲突更多的是因为父母的忽视造成的。当孩子被看见、被重视的瞬间，他的能量就发生了根本性的改变，也就自然体现在学习成绩上。

记得有一次，我被学校邀请去做讲座，主题是“会爱才是真爱”。听讲座的人中有一位家长是一个三年级的孩子的爸爸。他困惑孩子在一个月内成绩下降得非常厉害，而且上课总是莫名其妙地哭，因为不知道原因，所以很是苦恼。当我讲到如果孩子是模仿类型时，是不适合住校的，因为他会受到周围同学的影响，而这个孩子恰好是这种类型。于是，孩子的爸爸果断为孩子办了走读。一个月后，孩子的爸爸兴冲冲地向我报喜，说孩子的成绩稳步上升了，而且每天都非常开心。这就是当父母读懂了孩子，给他适合的资源支持，才是对孩子最好的爱。

如果家里有认知型的孩子，我们就会发现和他沟通很辛苦，因为他非常有主见和想法。如果是逆向型的孩子，他的创意方面可能会非常棒，但是人际关系方面却让人担忧，因为他说话的方式可能会让人觉得不舒服。

我认识的一个上高中的孩子，就是因为人际关系而严重影响了学习成绩。还有一个孩子，因为恐惧学校，不想去上学，后来家长就运用这个底层逻辑的陪伴，让孩子在两周内成功回到学校。

陪伴能力——学能

这个世界上所有的关系中，只有亲子关系最终的目标是分离。作为父母，我们能送给孩子最好的礼物，就是培养他们的自我管理能力。

每个孩子的能力都是多面的，也是独特的。作为父母，我们

能够做到的，就是给孩子最好的陪伴。

但是如何陪？陪什么？

要想有高质量的陪伴，我们需要抓住侧重点。首先，我们需要了解影响孩子学习成绩最大的四个方面能力：逻辑思维能力、语言智能能力、反思能力、人际交往能力。其次，我们要了解孩子对什么感兴趣，擅长什么。比如，一些孩子特别擅长音乐、视觉、肢体运动，我们就可以根据孩子的优势特长为孩子选择适合的兴趣班，而不是盲目地去选择。

通过多元智能测评，我们可以非常清晰地了解孩子的情况，从而进行有针对性的陪伴和资源支持。

我相信：自信的孩子不会差。当一个孩子明确知道自己的优势能力，并在优势能力上获得成就感和满足感时，这些都可以迁移到孩子的学习上，从而提升他的学习成绩。

陪伴规划——目标

时间是世界上最宝贵也是最稀缺的资源。一个孩子的成长时间更是如此。有规划思维的父母就像孩子的人生 CEO，是有一个导航策划系统的。

有规划的人生是蓝图，无规划的人生是拼图。

我认为，所有的成就来自规划，规划让人产生聚焦的力量，

聚焦的力量则会带来专注，专注就会带来成就。

在孩子的升学路上，我们要有规划思维，做好孩子每个年龄阶段的关键规划，包括长期规划、中期规划、短期规划，以及为孩子制定相应的学业目标和学校目标。

精准规划，孩子开挂。

一个 10 分的孩子没有规划顺其自然，最后可能只能取得 6 分的成就。而一个 6 分的孩子通过精准规划，优质陪伴，则有可能取得 10 分的成就。有规划与无规划，有目标与无目标，时间的运用效率是完全不同的。

愿天下没有不懂孩子的父母。愿每个孩子都能得到最好的陪伴。

很开心在我的人生下半场与你相遇。祝福所有的妈妈和宝贝每天都越来越轻松、满足、成功、快乐。

设计未来
通往名校之路

做最好的自己，才能养出最好的孩子。

汤蓓

- 汤蓓精准规划创始人
- 前央视主持人
- 《走老路到不了新地方》作者

如果想写诗，功夫在诗外

“学习”是教育最大的天敌

如果你的孩子离家出走，你会怎么样？

当妈的压根儿看不了这样的新闻。在安徽，一位派出所民警在出警返回途中，发现一名小男孩独自坐在花坛边哭泣，民警上前询问后了解到，小男孩因为作业写得很差，担心父母责备，于是便离家出走了。在安抚了小男孩的情绪后，民警立即联系了孩子的家人，等到孩子的父亲赶到后，民警告知其要耐心教育孩子，避免冲动。最后孩子被安全带回家了，过程算有惊无险。

可反过来仔细想想，这件事情却让人感到难过：父母本该是孩子最亲近的人，可为什么孩子宁愿冒着风险离家出走，也不愿意跟父母沟通呢？

评论区中有句话很扎心：父母不能理解。是呀，也许把事情和父母说了，可能得到的不是他们的关心和安慰，反而会被骂得狗血淋头。我了解到，很多孩子不管是在学习中遇到困难，还是在生活中磕了碰了，都是能不说就不说，除非扛不下去了。

究其原因，仅仅是因为怕挨骂。

大多数中国家庭亲子关系的崩盘，就是从催学习开始的。“作业写完了吗？”这句话就像一个炸弹，随时随地都可以点燃一个孩子的火药库。而家长们也是一脸蒙，我不过就是问问作业写完了吗，怎么孩子就这么大的火气呢？如果我们去网络上搜索，就能翻出无数个关于催写作业和学习的视频，不写作业母慈子孝，一写作业鸡飞狗跳，好不热闹。

关于学习，很多家长存在一个巨大的误区，以为“写作业=学习”，以为“讲道理=教育”。所以，在孩子学习这件事情上，他们做得最多的、下最大力气的就是催写作业和讲大道理。结果，不但没起作用，还产生了反作用。于是焦虑和无助接连不断上场，最后导致情绪控制不住，对孩子大吼大叫，甚至是动起手来，再接着又陷入深深的愧疚和自责中，恶性循环就此形成。

这个怪圈是怎么回事呢？最主要的原因就是没有把握住学习和教育的本质。

学习不单单是指学习各种理论知识，实际上，它还是学习动力、学习风格、亲子关系和同伴关系等一系列内在原因综合作用的结果。找到学习的驱动力，就像去医院看病，医生不是直接开药，而是先做检查，确定病因后再开药。学习也是一样。**成绩和排名只是冰山一角，决定成绩好坏的真正原因，常常是冰山下隐藏的一系列问题，而且常常看起来和学习没有直接关系。**所以，要想提升孩子的学习成绩，绝对不能只在成绩上使劲儿，而是要用系统化视角看待问题，找到突破口。

最好的爱，就是好好说话

很多家长都会犯这样一个错误，明明是希望孩子好，说出来的话却句句戳心。

在一档综艺节目中，一个女孩站在学校的天台上，大声哭着控诉自己的妈妈："你怎么总是拿我跟其他同学比较？为什么我的努力，你从来都看不到？"结果，她的妈妈却冷冷地回应说："我知道我一直在不断地打击你，因为以你的性格，不打击会飘。"

当女孩一边抹眼泪一边表示，自己的性格并不适合打击时，这位妈妈却依然坚持自己的想法："当你很强的时候，我觉得我要拍一下；当你很弱的时候，我觉得要推你一把。"

最后这个女孩意识到，无论自己再怎么说，都无法劝服妈妈时，她哭着走下了台。

很快，母女间的这段对话登上了微博热搜，许多网友纷纷表示："在这个女孩身上，看到了当年的自己。"

多少孩子，就是在这样的打击中长大的。自己小小的需求不被父母看见，鼓起勇气说出来也得不到回应，还会被父母从小打击到大。

英国的心理学家温尼科特曾说：“无回应之地，即是绝境。”

我在做家庭咨询的时候，常常有家长问我：“为什么自己付出了能付出的一切，可孩子却把自己当作仇人一样呢？我到底该怎么做才好呢？”

是啊，到底该怎么做才好呢？

其实，家长恐怕没有仔细地想过孩子的需求。也许孩子只是需要一根香蕉，而你却给了他一车苹果，然后还怪孩子不知足。

小时候，每当我做错事或者考不好的时候，回家最害怕的是被父母批评。这背后的原因是，父母习惯性用指责、批评的方式，来跟孩子沟通。

无法精准沟通的家庭，孩子和家长都活得太苦太累了。

我曾经策划过一期特别节目，主题叫《记忆中父母对你说过最扎心的话是什么？》。其中有一位男士因父亲的一句“你是白痴吗？”，记到中年都无法释怀，至今回忆起这个片段，还会哽咽，感觉心寒。

我在采访中发现，大多数人都表示，曾经被父母说过的狠话深深伤害过。自己的自尊心被严重打击，伤心难过了很久。

不过，多数父母却并不后悔，就像前面提到的那位妈妈一样。他们认为当初这样对孩子，就是该狠就得狠，现在不狠将来孩子就要吃苦。然而他们不知道的是，当父母对孩子说狠话时，孩子的内心有多么无奈和绝望。

我曾在新闻中看到一位 17 岁的少年，因为跟父母发生争吵，选择跳桥结束自己的生命。我们难以想象，这个孩子在走上这条绝路前，他到底压抑了多久，遭受到了多少语言上的暴力。

父母教育孩子是必须的，毕竟孩子不懂事，要管。可是，一旦教育越界，变成暴力时，那么后果可能不堪设想。

马歇尔·卢森堡博士在《非暴力沟通》中说："我认识到语言以及表达方式的巨大影响。也许我们并不认为自己的谈话方式是'暴力'的，但我们的语言确实常常引发自己和他人的痛苦。"

孩子的内心敏感又脆弱，当父母经常对孩子说狠话，就像在伤口上一次次撒盐。

就像苏珊·福沃德教授在《原生家庭》中说的一样："小孩是不会区分事实和笑话的，他们会相信父母说的有关自己的话，并将其变为自己的观念。"

长期对孩子说狠话，这些狠话就像一颗毒瘤长在孩子心里。一旦发作，后果不堪设想。所以，**别把说狠话，当成是教育孩子的"法宝"**。

央视网有一档栏目曾发起一次关于"中国式不好好说话"的征集活动，征集"家人对你说过哪些让你受伤的话"。仅仅一个晚上，便收到了近 600 份、总字数超过 10 万字的反馈，火爆程度令人咋舌。这份长达 10 万字的实录，几乎能刺痛所有人内心最柔软的地方。

你瞎呀！

你问我，我怎么知道？

除了吃饭，你还会干什么？

你听不懂人话吗？

……

明明是想为对方好，却习惯正话反说。原本可以温和讲述，却总是反问对方。一张口，不是贬低就是否定。

更可怕的是，这种模式会被下一代复制。

有一位网友提到，自己曾经怀疑爸爸有暴躁症，毕竟他遇到任何事情，不分场合，都会暴跳如雷，一个劲儿地骂。让他感到最难过的是，如今的他跟自己的爸爸越来越像。

科学研究表明，人的身体里有一种神经元——镜像神经元，它可以无意识地复制和重复别人的动作。

如果父母习惯性地在孩子面前大吼大叫，表现出烦躁、焦虑、易怒等情绪时，孩子大脑中相同的脑区会被激活，并会无意识地模仿父母的动作和情绪。

蒙台梭利曾说过：“**我们对儿童所做的一切，都会开花结果。不仅影响他的一生，也会决定他的一生**。”种瓜得瓜，种什么因就结出什么样的果来。所以，从现在开始，不妨做个“不好好说话”的终结者。

有话好好说的父母，是孩子一生最大的幸运

托尔斯泰说："幸福的家庭都是相似的，不幸的家庭各有各的不幸。"著名作家胡适先生，在《我的母亲》中这样评价："我母亲气量大，性子好，待人最仁慈，最温和，从来没一句伤人的话。"胡适家里的大娘、二娘，一个不懂事，一个小肚鸡肠，但胡适的母亲却从未跟她们有过争吵。胡适说："如果我学得了一丝一毫的好脾气，如果我学得了一点点待人接物的和气，如果我能宽恕人，体谅人——我都得感谢我的慈母。"

幸福的家庭都是相通的——家里总会有一个懂得好好说话的家长。明白这个部分后，我特意学习如何好好回应女儿，希望能够在日常教育里，给我女儿滋养。

曾经有一段时间，女儿放学回家后会看很久电视才写作业，导致作业通常拖到 11 点多还写不完，甚至一度要写到 12 点。睡眠时间不够，孩子很焦虑，作业质量也在下降。为了提醒她早点写作业，我想在晚饭后给她提个醒，但只要我一提"写作业"这三个字，女儿的情绪立马就会起波动，于是我们商量出了一个办法：约定暗号。

我们把"写作业"三个字换成"司马迁写《史记》"。只要我说一声："司马迁写《史记》了吗？"女儿立马就会笑盈盈地回答我："司马迁说五分钟后写。"

这样一来，提醒写作业就变成了我们母女之间有趣的暗号小

游戏，既避免了催促引发的负面情绪，又能起到提醒的作用，不但让孩子心甘情愿去写作业，还能增进亲子关系。

很多家长在跟我学习后感叹，之前自己像个“催命鬼”般提醒孩子写作业，都不知道孩子大脑里居然被唤醒了这么多的负面情绪。其实大家都是第一次当家长，之所以除了提醒之外没别的表达，主要就是因为语言库里的句子太少了，除了催作业，根本没有别的方法。于是，我把日常和女儿的对话，整理成了一份学习资料，如果你也是一位常常因为说话沟通而让亲子关系变得不融洽的家长的话，我可以分享给你。**你会发现，自己改变 1%，孩子就会有甚至 99% 的大变化。**

大多数人在原生家庭中，多多少少都受到过语言暴力的伤害。相应地，我们会产生愤怒、恐惧、失望等一系列情绪。如果这些情绪没得到及时的抚慰，就会暂时被压抑下来，成为我们人格的一部分。成年后，每当情绪动荡时，它们就会被释放出来，伤人伤己。

如果我们没有觉察到，不刻意练习控制，随意让伤人的话像脱缰的野马一样脱口而出，那么这些暴力沟通模式，将再一次在你和孩子身上重演，给孩子造成严重的身心伤害。

因此，父母作为我们一生中从事最久的职业，我们面临的最大的障碍，其实并不在于如何去应对孩子，而是如何应对自己。毕竟，**做最好的自己，才能养出最好的孩子。**

精准回应，就是每个孩子最需要的“定心丸”。家长爱孩子，从说话开始，从教育最小的颗粒开始，学习沟通。

在教育列车转折的关键时刻，肯定会有很多无法跟上形势的人被抛下列车，于教育史而言，这不过是一缕毫不起眼，仿佛没有发生过的波澜；于个人而言，却是一个家庭的千钧之重。

设计未来 通往名校之路

在教育的道路上，**方法**很重要，但**行动力**才是成功的**关键**。

黄慧琴（奶茶老师）

- 爱心树阅读成长中心创始人
- 清华大学积极心理学指导师
- 中国智慧工程研究会“升学成长规划”课题专家组成员

成功并非是偶然的，而是有迹可循的

我是奶茶，大家都叫我奶茶老师。我是爱心树阅读成长中心的创始人，也是清华大学积极心理学指导师，还是中国智慧工程研究会“升学成长规划”课题专家组成员。

在与教育结缘的路上，我经历了一段非常美妙的时光。回忆起学生时代，我最喜欢的事情就是给同学讲解问题。随着我越来越多地分享，我的学习也变得越来越好。而当我的学习变得更好时，便有更多的同学来找我请教。这种互动让我感到无比的满足和喜悦，我也借助这样的学习方式，从一个小县城成功跨进了名校。

进入大学后，我开始兼职做家教。我曾教过一个高中生，在经过一个多学期的辅导后，她的数学成绩从班级中下游一跃成为第一名，这个巨大的改变让她和她的整个家庭都震惊不已。而我也在这个过程中开始意识到，我在学习和教育方面可能有着与生俱来的天赋。

这段经历不仅让我意识到我对教育的热爱，还让我深刻体会到教育的力量。**能够对他人的学习产生积极的影响，帮助他们实现突破和成长，这种感觉是无法用言语来形容的。**

大四实习的第一份工作，让我阴差阳错地踏入了国际贸易行业。尽管这个行业对我来说是一个完全陌生的领域，但因为拥有超强的学习能力和迭代能力，我的表现越来越好，也在这个行业取得了令人满意的成绩，这一干就是 10 年。

然而，当我成为一位妈妈后，内心深处埋藏的对教育的热爱和信念开始涌现出来。**我深刻地认识到教育对孩子的重要性，特别是早期教育。这个意识激发了我内心的改变，我下定决心要更好地陪伴女儿成长，也希望影响更多的家庭、帮助更多的孩子，为他们的未来铺就成功的道路。**这是我放弃 10 年国际贸易行业积累的经验，创办爱心树阅读成长中心的原因，也是我对教育事业充满激情的动力所在。

这个决定不仅改变了我和女儿的人生，也帮助了数千个孩子取得教育上的成果。作为一位教育创业者和家长，我深刻理解教育的重要性以及孩子成长过程中的关键阶段。7 年来，我亲身经历并做出了一些正确的决策，陪伴孩子们一起成长。现在，我满怀自豪地告诉您，不仅我的女儿成了学霸，其他在爱心树长大的孩子们，许多也都成了各自班级中的佼佼者。这样的成绩不仅让我感到骄傲，也进一步坚定了我在教育领域的使命感和热情。

回顾这段路，我发现所有的成功并非是偶然的，而是有迹可循的。我将其中最精华的方法毫无保留地分享出来，希望有更多人能够复制这些成功。**我相信，每个家庭都可以为孩子的教育成长做出积极的贡献，而我也希望能够成为一位引导者和陪伴者，助力你实现这一目标。**

学习习惯

学习习惯是成功学习的基石。好的学习习惯能够培养出坚持不懈的学习态度、高效的学习方法、自律的品质以及自主解决问题的能力。通过培养良好的学习习惯，孩子能够在学习生涯中取得更大的成就，并实现个人的成长和成功。

因此，我创办了一个名为“自我管理班”的项目，采用了一些特定的方法来帮助孩子们规划和执行学习任务，通过刻意练习，让孩子们将规划和执行学习任务变成一种习惯。

首先，我引入了思维导图作为计划工具。通过思维导图，孩子们在开启学习任务前就可以清晰地进行思考和规划，并将任务细分为可行的步骤，从而更好地组织和管理时间。

其次，我会教孩子们使用番茄钟法来协助执行计划。番茄钟法是一种时间管理技巧，它将工作时间划分为 25 分钟的工作阶段和 5 分钟的休息阶段。孩子们可以利用番茄钟法来专注于任务，提高效率，并在休息时间恢复精力。

此外，我还应用 PDCA 循环的概念，即计划（Plan）、执行（Do）、检查（Check）和改进（Act）。通过这个循环，孩子们可以不断反思和改进他们的计划，从而提高自己的执行能力和效果。

自我管理班的项目为孩子们提供了一个有序的、系统的方式来培养他们的自我管理技能，通过参与自我管理班的过程，孩子们在后续的学习中变得非常自主，能够独立制定计划并完成学习任务。他们也培养了良好的改进计划的能力，不断寻求进步和提升。即便孩子们从自我管理班毕业，在这里所培养的习惯和能力依然在不断地影响着他们。我曾追踪过那些毕业数年的孩子们，发现他们的成绩均稳定在年级前列。很多家长甚至说，参加自我管理班是孩子成长过程中最幸运的事情。

复盘能力

复盘能力是一种重要的学习技能。我来举例说明我是如何带领孩子们复盘再逆风翻盘的。在过去，家长通常会检查孩子们的作业，并要求他们当天进行修改。这往往导致孩子们学习到很晚，无法获得充足的休息，第二天上课精神不济，讲课内容听不进去。这样一来，孩子们就陷入了一个恶性循环。

为了改变这种情况，我采取了不同的方法。我让孩子们自己写作业，并且不让家长检查，目的是先将孩子从休息不够的循环中解脱出来。取而代之的是等到作业发下来后，孩子们要自己讲解错题。当孩子们有了这样一个小任务时，他们就会更加关注听课和自己的理解情况。他们清楚地知道自己在哪些方面出错了。这样一来，他们不仅通过复盘提高了自己的学习能力，还通过费曼学习法加深了对知识的理解。

通过这样的方法，有的孩子的成绩在短短一周内就从 70 多分提高到 90 多分。这样的案例展示了复盘力的重要性和有效性。它能够帮助孩子们发现并解决自己的错误，促进了他们的学习。

学习兴趣

我认为兴趣非常重要。我自己在学习中也深深体会到兴趣对学习的重要影响。当我对某个事物感兴趣时，我能够更好地学习和掌握与之相关的知识。然而，当我对某个事物没有兴趣时，即使我具备相关能力，也缺乏主动学习的动力。

因此，我非常重视培养孩子的兴趣。**在孩子小的时候，兴趣比知识更为重要。**为此，我们开设了一些阅读通识课，涵盖历史、地理、政治、经济和人文等领域的内容。在这样的课程中，我们采用开放式的教学模式，既注重课堂的趣味性，也不会给孩子们太大的压力。孩子们对这些知识非常感兴趣，根据家长们的反馈，在课后他们也会主动去了解这些领域的知识。

通过这样的培养，我相信孩子们在未来的学习中已经做好了充分的准备。他们对这些领域有了浓厚的兴趣，将会更加主动地探索和学习。这种兴趣驱动的学习方式能够激发孩子们的学习热情和动力，使他们在学习过程中更加积极和有成效。

行动力

在教育的道路上，方法很重要，但行动力才是成功的关键。作为一个充满行动力、带领孩子们一步步在行动中拿到结果的教育者，我深知行动力的重要性。如果说方法是给结果的后面加“0”，那么行动力则是最前面的“1”。

如果您也认同行动力的重要性，并且希望为您的孩子提供积极的教育环境和启发式的学习体验，我非常欢迎您与我联系。我相信通过我的教育方法和经验，能够帮助您的孩子建立坚实的学习基础，让孩子形成积极的学习习惯和自主学习的能力。让我们一起挖掘孩子们的潜力，共同创造一个积极、富有成长机会的学习环境，为孩子们的未来铺就坚实的基石。

最后，感谢这篇文章的第二作者我的女儿胡若晞，感谢她就像一份礼物来到我身边，引领我踏上教育这条充满意义的道路。

设计未来

通往名校之路

影响青少年就是影响世界的**未来**。

马瀚巍（Marvin）

- 国内 985 高校本科
- QS 世界大学排名前 100 名校硕士
- 教育咨询师，专注青少年国际游学
- 曾带领 10000 多名中国孩子打开国际视野，获得正向目标，产生积极改变

深度国际游学，播种孩子未来

Hello！请叫我 Marvin，本科毕业于西安交通大学机械系，国内首批 985，C9 院校；研究生就读于英国圣安德鲁斯大学管理系。2024 年英国最权威的两家机构《卫报》(*The Guardian*) 和《时代》(*Times*) 给出的大学排名中，圣安德鲁斯大学同时打败牛津大学、剑桥大学荣登全英第一。有幸在国内外顶尖学府深造的经历，使我在中西方两种教育方式的碰撞中，加深了我对教育的理解。

在国外深造回国后，我第一份工作就去了国内最大的也是最有影响力的头部教育集团，负责国际游学板块的发展。我们累计输送上万名学员通过寒暑假前往海外学习交流。在这个过程中，我发现了国际游学对青少年成长的巨大价值。

在积累了丰富的经验后，我与志同道合且同样热爱这份事业的同伴创办了自己的公司，把热爱做成事业。我们只专注做深度游学，因为在长期的实践中，我们观察到只有沉浸式深度游学才能真正地影响学员。

下面我以爆款好评的“英国牛津、剑桥微留学营”为例，把游学中几个重要的组成模块拆解一下，大家就可以看到每个模块是怎么影响学员的。

插班上课

1. 感受独特的英式教育魅力

沉浸式感受英国校园文化，真正深度体验英式基础教育的魅力。在英国，中小学采用必修＋选修的课程形式，丰富的课程设置极大地满足了学员们不同兴趣的探索，帮助学员们找到自己适合的发展方向。英国从基础教育到高等教育都非常强调培养学生的批判性思维和独立思考能力，这与我国的教育方式有所不同。在英国，学生被鼓励表达自己的想法，甚至去质疑老师的观点。英国的教育方式更强调学生自己的思考输出，通过鼓励输出带动知识输入，以此形成有效的学习闭环。这种学习方式和思维模式，对我们中国学员是一种非常好的启发和借鉴。

2. 激发英语学习兴趣

在英国学校插班，学员能够在真实的交流环境中使用英语。中国学生普遍都是哑巴英语，这个难题相信在英国校园很快会被环境带动自然攻克，实现英语交流的突破。当然对于英语口语很自信的学员来说，这是一次验证自己水平的大好机会。

3. 输出中国文化，播种国际友谊

我们在体验国外文化的同时也把中国文化带给世界，让更多人了解中国、喜欢中国。出团前，同学们会准备具有中国特色的小礼物，送给国外的老师、同学、寄宿家庭。你会看到北京的孩子带“长城”，西安的孩子带“兵马俑”，成都的孩子带“大熊猫”，还有的孩子带了辣条等，简直风靡国外校园！送礼物，可以帮助孩子们快速交到新朋友，快速融入当地的环境中。我们的积极行动和付出的确会让不少外国同学喜欢上中国。

讲到这里，你会不会觉得国际游学是一件很有意义且充满魅力的事情？接下来，我们来继续分享下一个模块。

寄宿家庭体验

为了让学员们更好地了解英国的生活方式，我们会安排学员住在当地的寄宿家庭。这是一种独特的文化交流经历，让学员们

有机会体验国外的日常生活。入住寄宿家庭，实现 24 小时纯英语环境浸泡，学生们不仅能练习英语，还学会了独立生活和适应新环境的技能。

牛津大学与剑桥大学的深度体验

牛津大学、剑桥大学作为世界高等教育的瑰宝，享誉全球。剑桥大学被誉为“诺贝尔奖得主的摇篮”，诞生了众多影响人类社会进程的顶级科学家，如牛顿、达尔文、霍金等。

牛津大学培养出了众多英国首相及各国政要，可以看出这里是复合型人才的摇篮。当然，牛津大学还是《哈利·波特》系列电影的拍摄地，深受学生们的喜爱。

只有深度游学才能真正影响学生。好大学只体验一天是不够的。我们会安排学员们全程入驻牛津大学和剑桥大学，让学员们深度浸泡在世界顶级学府，展开系列主题研学和 PBL 项目制学习。

沉浸式体验更有助于学员爱上牛津大学和剑桥大学，而爱上牛津大学和剑桥大学自然会被这里的氛围所感染，从而获得一种积极向上的力量。

深度游览和文化探索

在伦敦感受国际化大都市的魅力——世界在这里融合。英国作家塞缪尔·约翰逊曾说：“当一个人厌倦了伦敦，他也就厌倦了生活。”学员们将参观历史悠久的地标，感受独特的英伦文化。在三大博物馆，我们会邀请拥有 10 年以上讲解经验的专家为学员们设计路线，展开专业讲解。在大英博物馆，纵观历史大开眼；在自然历史博物馆，让学员们对自然科学产生兴趣；在英国国家美术馆，饱览梵·高、达·芬奇、米开朗琪罗等人的作品。毫不夸张地说，在这里，我们为孩子们呈现了一堂世界顶级美育课程。

学员的主要收获

1. 能量提升

每次国外游学结束，我们能非常直观地看到孩子们能量的显著提升——变得自信、有活力、有分享欲。他们回来后会非常兴奋地给家人分享国外的所见所闻。

2. 在英国，爱上英语

让一个成年人在讲台上对学生讲授英语，并通过考试来倒逼学生的英语学习，这种条件下几乎不可能让学生产生对语言的兴趣。但是当一个金发碧眼的小朋友过来要跟你玩，嘴里不停说着英语，这时候你就很容易感受到语言的魅力，从而对语言产生兴趣，这个过程才符合孩子的心理。这就是插班课程的魔力。我们大多数学员的英语兴趣都是被同龄的英国小伙伴激发出来的。

3. 播种名校梦想，激发学习动力

只有让学员亲自去体验名校，他觉得好才可能转变自己思想，开始向往名校。我们不是让每个学生都去追求上名校，但去体验过并喜欢上那里的氛围和环境，就能获得一种积极的憧憬，就是一份积极的力量。

4. 培养国际化视野，做地球公民

从工作到生活，我都是国际化视野的受益者。北京很“卷”，可是这样的环境从来“卷”不上我。“卷”的本质还是看到的世界太小，没有选择只能“卷”。当你体验过更大的世界，再回到原来的地方，有些问题就不再是问题了。因为思维转变了。**虽然我不一定跑去国外生活，但至少国际化视野让我的人生还有其他选择，让我可以不去“卷”，腾出时间和精力去追寻自己热爱的事。人生是旷野，而不是轨道。**

同团案例分享

1. 港籍学员 Jasmine，14 岁，目标牛津大学

学员的妈妈发过一条朋友圈，可以看到学员 Jasmine 在家庭聊天群里说："牛津大学还挺适合我的。"游学回国后，我们给 Jasmine 做过一次回访，学员的确对牛津大学很喜欢，并产生了去牛津大学读书的想法。这是一位底子很好的学员，自信大方，非常优秀。他通过这次游学明确了未来的求学目标。

2. 西安李同学，13 岁，主动学习英语

李同学很特立独行，非常有自己的个性，除非是他自己认可的事情，不然谁说也没用，老师、家长对此一点办法也没有。在这次游学结束后，他的老师非常惊讶地发现，李同学竟然主动开始学英语了，要知道这位同学在国外交流期间可是连一句完整的英语都说不出来，对语言非常不自信，回国后竟然主动开始学习英语，他的妈妈非常惊喜，认为他此行收获很大。

3. 南京赵同学，11 岁，变得自信、开朗

回国后两个月，一天，赵同学的妈妈发来信息想第二次报名参加游学。因为夏天游学体验非常好，孩子变得自信、开朗了很多，回国后自己减肥了十几斤。此外，赵同学还成功克服了"社恐"情绪，并且结交了同团非常优秀的伙伴。她的好伙伴洪同学

来自甘肃，是全校第一的学霸。回国后，两位同学还相互书信往来，共同进步，两家人也成了朋友。

4. 西宁冶同学，12 岁，志向高远

冶同学非常优秀，给我们留下了深刻印象。在牛津大学开展的学术工作坊中，博士学姐给大家科普了什么是人类学，关注的议题有人类性别平等，又延展到动物性别平等，同学们对话题表现出了浓厚的兴趣。探讨交流环节，冶同学问："学姐，我该怎样发展自己，以后才能帮助女性解决性别平等的问题？"难以想象这是一个小学毕业生思考的问题，她在如此小的年龄就已经开始关注社会议题，想要贡献自己的力量了。我想这一刻，她的梦想就在牛津大学被点亮了，她未来一定是一个志向高远，可以为社会做出突出贡献的优秀人才。

注意：以上案例不是从上万名学员中筛选出的，而是来自同一个团，这样大家就能感觉到我们优质案例的浓度有多么高。因篇幅有限，暂时只列举其中的几例。

除了英国，我们还提供美国、澳大利亚、新加坡等不同国家的游学项目，每一个爆款产品都集结了这个国家最具特色的体验。

看到这些案例，你会不会觉得国际游学是一份幸福的事业？是的，这件事又棒又幸福！

首先，我们会在很短时间内对学员产生一系列积极的影响和

改变，这非常棒！每当学员和家长给你正向反馈的时候，都让你坚信自己做的事很有价值。

另外，从事这份事业也会促使我们自己保持好奇，去看更广大的世界，体验丰富多彩的人生。对自己而言也是一个不断进步的过程。

影响青少年就是影响世界的未来。这是一份非常有使命感且值得长期投入的事业。欢迎你通过我成为探索世界的学员，也欢迎你加入成为我的合作伙伴，让我们一起把未来点亮。

设计未来

通往名校之路

当我**真正投入**精力做一件事的时候，就会发现**做精做细**有**无穷的**快乐和功效。

叶丽娟（Sarah）

- 北京一橙国际教育创始人
- 家庭、学校、机构三位一体国际教育规划理念发起者
- 12 年只专注留学规划一线服务

探索未来，筑享人生

2024 年，算是我深耕国际教育赛道的第 12 年。我是北京留学圈最早一波开始留学规划服务的导师，主要负责美国、英国、加拿大、新加坡等主流留学国家的本科申请规划和研究生申请。我服务了超过 500 多个高净值家庭的孩子，让他们成功进入到世界名校，80% 以上的学生都是进入到 QS 世界排名前 100 的学校。让我感到幸福的是，我帮助我的学生们进入他们想要去的名校，更重要的是，在高黏度的服务过程中，因为信任，我和很多家庭的家长成了好朋友。

作为一名“85 后”，我本科读的是英语和会计金融专业，研究生读的是北京外国语学院的教育学专业。不管是在跨文化交流课堂，还是在与外教的沟通中，我都对外国文化非常感兴趣。看到身边的朋友或学姐出国，我也希望能成为其中的一员。

在高考前一年，我的父亲就因一场车祸突然离开了我们，但这猝不及防的悲痛并没有让我逃离梦想。之后，妈妈带着我和妹妹一起生活。三个女人一台戏，这台戏里妈妈一直是撑着那片天的人，坚强乐观的她总是能咬紧牙关克服生意经营和生活上的种种困难。在生活上，她给了我足够的物质支持；在精神上，她也一直是我的榜样。

2012 年，我在面临毕业要找工作还是去国外继续读书的时候，妈妈毅然决然地选择了支持我最初的想法——让我出国读书。而我也暗暗对自己许下承诺，国外读书预算 50 万元的费用要给妈妈打借条，日后通过努力还回来。

在得到妈妈无条件的支持后，我就开始跟着学姐去各大机构了解出国留学的手续，为了节省一笔申请服务费，我花了 1 个月的时间准备自己 DIY 申请和自学托福。在我系统地了解美国研究生的申请条件和所需要做的准备，如成绩单、推荐信、雅思、文书等这些要求后，我开始思考国外大学的审核标准，发现确实很有意思，如此多元。我抱着向往的心态去纽约大学、密歇根大学安娜堡分校、美国加州大学戴维斯分校等学校的官网了解学校的课程的时候，在一通电话之后，所有的遐想顷刻瓦解。

妹妹打电话说："姐姐，告诉你一个不好的消息……妈妈被查出了宫颈癌……"我听出了妹妹的惶恐，我想那一刻的无助和悲痛一辈子都很难忘记。我们在电话里就痛哭起来。那一刻，我什么都不想要，只希望拼搏了大半辈子的妈妈能平安健康。

妈妈那时候需要住院做手术和化疗，我觉得她更需要我在身边。就这样，我放弃了出国的机会。幸运的是，妈妈的手术比较顺利。于是在 3 个月之后，我便找了一份国际教育的工作。

从一开始的做美国签证，上网查美国的各大高校信息，到被委以重任去做美国高中生 7×24 小时境外监管项目，工作内容就是送适龄学生到美国的高中读书之后，我来负责他们在国外的学习、生活和假期的整体安排。在这份工作中，我是连接在国外的孩子们和国内父母的桥梁，经常忙碌到凌晨，我还在解决着学生选课与住家冲突的问题。

记得有一次一个学生突然半夜发烧，当父母接到电话着急给我打微信视频哭诉着该怎么办的时候，我从睡梦中被惊醒，连夜开启视频会议将住家和父母同步到微信会议，做着父母和住家之间的翻译，连夜处理好保险卡的问题，联系上当地地区代表第一时间赶到住家带孩子去了医院……

刚到美国的孩子总是不能第一时间融入课堂，沉默、不爱表现的学生其学科分数的参与度普遍得分偏低，但是这种情况父母看不见，也没有意识到这部分的影响。记得那时候每周至少有两天早晨来办公室第一件事，就是给一位叫 SCW 的女生打语音提醒她如何在课堂上做到积极发言，**看着腼腆自卑的孩子慢慢在课堂上主动起来，成绩也越来越好，脸上自信的笑容也越来越多时，我开始意识到，我们帮忙解决的琐碎问题看起来不起眼，但是用心陪伴和梳理好孩子的适应期，家长特别是妈妈们就会特别信任**

和依赖我，希望能从我这儿得到更多有关孩子适应的细节和学习情况，希望能通过我来给予住家和孩子更多的连接。就这样，我就成了他们之间的桥梁。

而管理学生最多的时候，是我带着团队维护150多个低龄留学生。我们定期给家长发月报告，及时进行选课指导，了解假期安排……7×24小时服务听起来很像客服，很多人不愿意干，包括当时很多的留学申请机构，但是我从中感受到了家长的需要和认可，通过两年的监管服务坚持，我们当时低龄留学业务在北京也是增长最快的一家。在用心跟学生和家长连接的时候，我们的信任黏度已经超出了一般中介与客户的关系，我们更像朋友或家庭成员。**再回顾这段历程，重视服务品质是我做国际教育最强大的基因。**

2014—2015年，我负责的学生大都面临着要申请本科的问题。我要考虑9年级、10年级、11年级的学生如何提前准备，才能申请到更好的本科。我从服务型选手，跟着我的学生升级到了专业型选手，开始给学生做MBTI性格分析、SWOT分析，以终为始来给学生做规划，让他们能够去想要去的大学。当时我们也算是在北京业圈内最早发起留学规划的团队，我们VIP学生人手一份自己的规划方案书，涉及方方面面，家长和学生似乎更清楚地看到了要如何通往大学的那条路。**我也享受着跟我的学生沉浸式地聊天，总能在跟家庭系统回忆分析孩子有关优势、劣势的成长故事时，从中受益颇多。我能快速捕捉到每个学生是属于哪一类型的**

学生，具有什么样的潜质，更适合怎样的沟通方式，也在他们的成长故事中，憧憬着每个孩子的未来。

2015—2017年，因为规划的学生要开始申请大学，我想从我听到的有关每个学生的故事中找到与美国大学需要看到学生品质或特质之间建立联系，而文书就是最好的入口。我开始主动挑战美国本科文书，建立给学生进行个性化文书服务的体系，坚决不给学生代写，充分享受给学生进行头脑风暴找到每个学生的“人设”，要真实鲜活，展示出他们独一无二的闪光点。还要思考如何将与学生共同打磨出来的文书呈现得更本土化，同时要消除文化误解的表达等。当我真正投入精力做一件事的时候，就会发现做精做细有无穷的快乐和功效。文书在整个申请环节成了最重要的环节，仅次于选校；很多学生也因一篇好文书，被好的学校录取。

2017年年初，类似的机构突然增多，我因此多了一丝危机感。经过深入研究，我发现很多机构做规划只有一纸蓝图，很难保证学生有一个很好的过程和经历体验，参与了却没有取得好的结果，是浪费学生的时间。于是我便开始对规划落地过程进行把控，规划竞赛或者活动以课程化的方式进行，这就保证了学生的投入度和参与度，结果就是水到渠成的。

要深入做规划，就意味着要在每个学生身上投入更多的时间，所以就不能维持特别多的学生。因此，我也没有有意识地去做市场，去开发更多的学生，反而很多家长开始主动联系我。我一直没有做过销售，只是在帮助学生实现目标的过程中，生成了很多有效的口碑，在这里也特别感谢我的老客户。服务型口碑销售的特点也是我的第二大基因。我喜欢在小众的口碑家庭圈里，服务着一小部分高端客户。这是让我倍感幸福的事业，而不只是一份工作。

2021 年，我意识到整个主流留学国家的本科申请竞争越来越激烈，“牛娃”越来越多，申请的分母在增多，但是学生规划的路走得越来越趋同，很多背景提升活动就像被排序一样排到了学生的简历里。那时候，我就开始发问：**“这是真正的规划吗？国外大学希望看到的是有个性的、真实的、能担负社会责任的、有领导力的申请者。虽然每个孩子都与生俱来有自己独一无二的优势，但不是所有的学生都适合考高分，也不是所有的学生都适合同一个模板。真正的规划是不是应该把更多的精力花在如何培养、规划、挖掘每个学生独一无二的特质上？”**因为我面谈了很多家庭，发现每一个家庭都是不一样的，从每个家庭中走出来的孩子都不一样，但既然不一样，那如何通过规划更清晰地让这种不一样在申请大学的时候能展现出来呢？家庭教育、家庭资源、父母参与等这些在我看来对于一个孩子的成长很重要。所以一橙国际的“三位一体”就诞生了。毕竟，家庭的角色太重要了。**以学生为主体，学校、家庭、机构共同服务孩子的长远发展；面对不确定性，让每个孩子都有自己的核心竞争力；面对内卷，让每个孩子都能有自己的步伐，让他们执着于内心的热爱去创造价值，而不是盲目跟风被“卷”。“以学生为中心，挖掘兴趣，探索未来，筑享人生”是我们的服务理念，而不止是为了一张录取通知书！**

设计未来

通往名校之路

尊重孩子的天性，让他们自由地**探索**和**尝试**。

黄治贵（黄老师）

- 0～6 岁亲子英语规划师
- 少儿英语学习规划师
- 中国智慧工程研究会认证升学规划师

与焦虑和解

亲爱的家长们，抱抱你们，你们真的辛苦了！养孩子好累，教育孩子也好累，对不对？但我知道各位都是了不起的家长，一直在为孩子付出自己最大的努力，并给予他们无限的支持，你们真的好棒！

无论你现在是在焦虑孩子的期末考试成绩，还是在担心孩子会不会被病毒所侵扰，我都希望你不要忘记照顾好自己的情绪和身体。或许你可以跟我念一遍：**“我，大于一切，我的生活中我最重要。感谢焦虑，让我保持冷静；感谢焦虑，让我发现了自我成长的机会，我愿意与焦虑和解。”**是的，我希望家长们能够和我一起，与焦虑握手言和。我们既然摆脱不了它，又击败不了它，那么就承认它是我们当下最强的对手，允许它存在于我们身边。让我们去重新认识它，然后适应它，再慢慢忽视它。

在从事少儿英语教学的11年中，我没有见过不焦虑的家长。现在，我也是一个4岁女孩的妈妈，也会时常焦虑，所以，大家都一样。或许，焦虑没有那么糟糕，只要我们认清它的存在，看到它积极的一面，说不定我们也可以和焦虑相处得不错。来看看，我们都经历了哪几种类型的焦虑。

劳累型焦虑

家长们其实每天都很忙，几乎没有休息的时间。白天要在公司工作，可能工作时会出现一些不顺心的情况，但又不能和同事、领导发脾气。下班回到家中，还要做饭、做家务、辅导孩子写作业。而且孩子还会出现拖拉、不会写、教过的题目依然写错等情况，这时家长们就会没有足够的耐心，会忍不住对孩子发脾气。有时候孩子生病了，更是忙得一团糟。如果赶上家里老人生病了，那恐怕就得更忙了。**家长们是真的累，也是真的烦。这样的焦虑容易导致我们脾气暴躁，甚至发怒，而孩子无意中就成了我们的“出气筒”，被我们的焦虑、紧张、不安的情绪所影响。**

在这样的情况下，我通常会建议家长朋友们先安顿好自己，再去忙下一件事。比如，回家后先休息10分钟，可以写下此刻自己的焦虑，接纳这些焦虑。辅导作业的时候，尝试心平气和地告诉孩子自己今天很累，看到你不好好写作业就有点担心……看见自己的焦虑，表达自己的焦虑，孩子或许就知道我们发脾气不是因为不爱他，而是因为焦虑他的学习表现让人不太满意，这样就可以减少焦虑情绪给孩子带来的伤害了。

精神紧张型焦虑

当我们接到老师打来的电话或发来的信息时，第一反应是自己的孩子是否在学校犯了错误，导致我们过度紧张和焦虑。有时候，即使这件事情很平常，甚至微不足道，但焦虑会让我们不由自主地把事情放大，我们会觉得这件事情很严重。另外，我们也会出现怀疑、不相信自己孩子的想法，这也是一种精神紧张型焦虑。

上周，一位家长跟我说，学校的英语老师两年来第一次给她发了一段长长的语音，因为孩子在上周测评中只考了 82 分，近期英语课上也无精打采的，老师觉得他的行为有点反常。这位妈妈被老师的焦虑情绪影响到了，希望我能多安慰孩子，给孩子打打气。我很淡定地告诉她，没关系的，孩子就是累了，毕竟跆拳道集训占用了他一部分的时间和精力，他还要参加比赛，再加上没休息好，孩子有点吃不消，所以课上的状态也受了影响。我们可以如实告诉老师孩子的情况，也谢谢老师的善意提醒，并嘱咐老师千万不要把这种担忧焦虑的情绪传递给孩子，要继续相信孩子。

这位妈妈同意了我的做法，忍住没有去过问孩子的成绩，当晚孩子就很自觉地去看书复习了，很快成绩就回到了班级前三名。

你看，孩子天生就是不服输的，考得不理想当然会愧疚，如果这时我们继续给孩子以爱和鼓励，那这就是他克服困难的动力。**我们的内核稳定，不焦虑，不过分干预，孩子也会自动调节他的行为去对抗这些小波动。**

未发生的过度型焦虑

这是我们最常见的焦虑类型了。很多人对还没有发生的事情会很担心，会表现出明显的紧张和焦虑。我们都知道事在人为，许多事情虽然看起来具有不确定性，但是经过不同的人处理，会出现不同的情况。去年暑假，一位家长很紧张地跟我说："黄老师，我家孩子要参加英语演讲比赛，但老师给他的题目有点难，孩子不知道怎么准备。"我感觉到妈妈很担心这次演讲失败会打击到孩子，但是比赛还没有开始，还有半个月的时间可以准备。况且，她家的孩子才 6 岁，英语水平已经很不错了，虽然孩子的自尊心、好胜心很强，但他的这些性格特点对比赛也是有利因素。后来我帮孩子修改了演讲内容，加入了一些专属他的演讲特色，让家长每天陪孩子练习，并随时和我沟通孩子的准备情况。我一边赞美认可孩子的努力，一边鼓励孩子的妈妈放平心态，让孩子去体验参赛的乐趣。没想到，孩子在初赛中就以压倒性的优势拿到了第一名，这位妈妈开心极了，孩子也大受鼓舞。最后有点害羞和腼腆的他，在决赛的舞台上大放异彩，取得了优异的成绩。他的妈妈十分激动，在第一时间跟我分享了他们的喜悦。其实，我们也可以像这位妈妈一样，**放下对未知结果的焦虑，把注意力放在当下的行动上，多给孩子积极正向的反馈，让孩子体验学习的快乐**。我相信，这个努力付出的过程远比结果更有意义。

说实话，我们身为父母，为孩子操心，再正常不过。从孩子出生的那一刻起，我们就希望为其铺好一条顺遂的人生路。但是孩子不是标准件，不是机器人，他有自己的想法和思考，我们不能指望他们按照我们的意愿生活，更何况我们也不能保证这些安排可以为他们抵挡一切风险，所以有些焦虑其实根本没有必要。

近几年来，一线、二线大城市的中小学生升学压力增大，家长和孩子的焦虑情绪有增无减，苦不堪言。一些官方的数据也显示，孩子们的心理健康情况并不乐观。

中国科学院心理研究所发布的《2019—2020 年国民心理健康报告》中，有一组触目惊心的数据。

小学阶段：抑郁检出率为 10%～13%；初中阶段：抑郁检出率为 25%～30%；高中阶段：抑郁检出率约为 38%。

看着这么多郁郁寡欢的孩子们，做父母的怎么能不心疼呢？我们又该怎么去帮助可怜的孩子们呢？或许，我们可以停下来思考一下：在孩子成长的道路上，我们真正希望看到的是什么？我们希望看到的是一个快乐、自信、健康的孩子，还是一个只追求分数的机器人呢？

小升初、初升高等考试都只是人生旅程中的一个阶段，对孩子的学业有一定影响，但它并不能决定孩子的一生。蔡元培先生在《中国人的修养》一书中说："决定孩子一生的不是学习成绩，而是健全的人格修养。"

虽然学习成绩可以帮助孩子进入优秀的中学、大学，甚至是获得好的工作机会，但它并不能确保孩子以后在职场和生活中能够获得成功，能够拥有幸福感。因为这些还需要孩子拥有积极的态度、自信、独立，以及领导力、判断力和解决问题的能力等，而这些能力都源于其健全的人格修养。因此，家长应该注重培养孩子的品格，让他们具备成功所需的基本素养。**那些令人焦虑万分的学习成绩只是影响孩子成长阶段的因素之一，并不是衡量他们人生成功和幸福的唯一标准。**

所以，在陪伴孩子成长的过程中，我们可以多给孩子选择的机会，允许孩子大胆尝试他感兴趣的方向，帮助孩子发掘他的天赋。孩子的运动天赋不错，就可以鼓励他走体育升学路线；孩子对画画、色彩很感兴趣，就可以鼓励他走艺术升学路线；孩子的演讲水平和主持能力优秀，就可以走艺考升学路线。**放下眼前的焦虑，把对教育的认知再开阔一点，看得更长远一点，我们就会发现条条大路通罗马。**这里的"罗马"不一定特指北大、清华，只是说让孩子在属于他的罗马区域找到人生的幸福感和使命感。

孩子的内驱力被激发出来，开始自驱运行，自己为自己的行为负责，这难道不是我们家长最希望看到的场景吗？

好的教育不是为了追求孩子的完美表现和高分数，而是家长创造一个轻松、愉悦的成长环境，让孩子在自由中自我发展和成长。学校教育提供知识技能的培养，家庭教育关注人格品质和道德修养的塑造。我们允许孩子的个性化发展。我们要像园丁一样，为每一个种子创造一个温馨、灵活、开放的成长环境。按照标准件“准确无误”地养育孩子是一件又累又反人性的苦差事，所以，与其活在焦虑中，一家人终日煎熬，不如松懈下来，我们好好经营生活，让孩子体味每一个人生阶段的美妙。

想想我们正在体验的这几种焦虑，如果它们让我们的生活变好了，我们感谢它们；如果它们让我们的生活变糟了，我们就忽视它们。有时候我会想，也许它们的存在就是为了提醒我们：尊重孩子的天性，让他们自由地探索和尝试。孩子是来自未来世界的大师，请允许他在我们的花园里搭建属于自己的独特风景。

设计未来
通往名校之路

我认为，**升学规划**并不仅仅是一项工作，它既是一条**独特的道路**，更是一份对世界的深**刻理解和表达**。

张瑞婷

- “顶瓜瓜教育策略办公室”创始人
- 九大美院升学规划专家
- 艺术留学策略指导师

顶尖艺术殿堂美院升学的成功之道
——从心灵深处绽放光芒

作为一名专业的美院艺术升学规划师，**我认为，升学规划并不仅仅是一项工作，它既是一条独特的道路，更是一份对世界的深刻理解和表达。**我拥有20年艺术求学经历，18年艺术行业从业经验。大二时，我就开始参与美院教授的艺术和设计项目，毕业后被国企党政部门录取参加宣传工作，先后主持过文化建设项目，曾创办过当代艺术馆，操盘过艺术品收藏项目，对艺术行业和艺术市场有着敏锐且丰富的领域经验和独特的视角。因此，我热切地希望，能够将多年积累的这份独特的经验和艺术的魅力传递给2～18岁的孩子们。在这里，我将分享我对美术学习、美院升学的顶层规划，以及以全国校考第二名的成绩考上美院的特别经验，还有对艺术未来的职业探讨。**希望各位获得的不仅仅是一份规划，更是成就梦想之路的指引。**

AI时代下为什么学美术？

现在很多父母对孩子的启蒙教育都从画画开始，我父母和很多家长一样，只是希望我能多个兴趣。但我从握住画笔的那一刻起，就感受到心灵的召唤，仿佛每一根线条在对我说话。我认为，孩子是透过画笔，打开内心深处的大门，与世界对话，想象力在线条和色彩的交织中得到无拘束的释放。在这片创造的乐土中，学会独立思考，培养创造力，远比知识技能更为珍贵。AI时代下，这反而是许多成年人最想拥有的能力。因此，**不能仅仅把现在的美术学习看作简单的兴趣，要知道它是一种内在情感和创造力的启蒙，能帮助我们在喧嚣的世界中找到自己的声音和个人特色。**

孩子很喜欢画画是天赋吗？该不该走艺考路线？

如果孩子对画画表现出长期、持续的兴趣，而不仅仅是一时的冲动，这可以作为适合艺术考试的一个积极因素。我们也可以通过科学的工具评估孩子的艺术天赋。如果孩子有突出的艺术天赋，无疑在这条道路上的能力表现会更加轻松和优秀。

那什么样的学生适合走艺考路线？

我认为有以下几种：

对美术有兴趣和热爱的，有基础，文化分在中等以上；优势智能里艺术感知力强的学生；美术 0 基础，文化课低；想考个不错的大学的学生。

艺术顶层规划的辅助星图

要想将艺术能力转化为生产力，甚至把它当作升学和职业选择的方向，如何不走弯路，不浪费宝贵的学习时间，这就需要一份优秀的导航图。艺术顶层规划的重要性在于它不仅考虑到艺术学习本身，更是将文化学科和艺术学习通过科学的管理，融入孩子升学以及未来生活的全景图中。我们的升学团队经过多年成功升学的经验，运用专业且科学的升学策略，目标达成率做到了 100%。

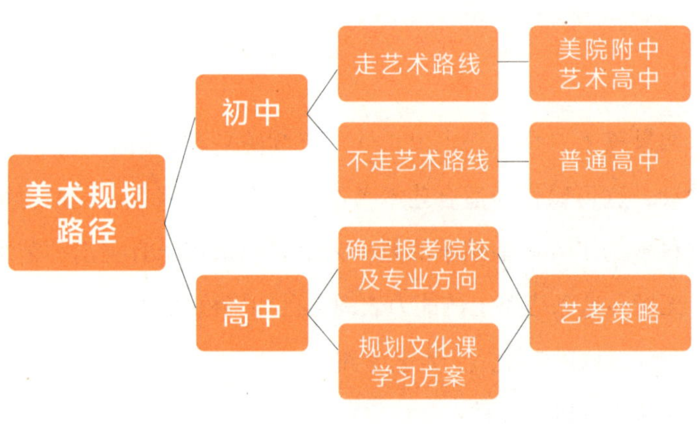

美术规划路径图

学习规划	美院附中	高中艺考
备考时间	小学、初中	初中、高中
学习方式	课内（文化课 50%、专业课 50%）	课外（画室、集训）
户口生源	迁入学校所在地	原户籍生源
费　　用	约 2～3 万 / 年	约 3～50 万 / 年
优　　势	美院名校录取率高	文化课学习时间长
缺　　点	需提前规划	竞争大、专业相对弱

美院附中与高中艺考升学对比图

九大专业类院校	优势专业
中央美术学院	油画（国内第一）、美术学、建筑学、多媒体艺术
中国美术学院	中国画（国内第一）、书法、油画
清华大学美术学院	环艺（国内第一）、视觉传达、工艺美术
广州美术学院	油画、水彩、视觉传达、服装设计、多媒体艺术
四川美术学院	油画、版画
天津美术学院	中国工笔画（国内第一）
鲁迅美术学院	版画、油画（写实国内第一）
湖北美术学院	版画、水彩
西安美术学院	中国花鸟画（国内第一）

九大艺术院校的优势专业

高二 3～10 月　专业课集训冲刺

确定目标院校，确定专业，文化课保温。

11 月　统考、高考报名

关注政策变化、评分标准，看各院校招生简章，选出意向学校，确定录取原则，确定分省计划，确定初试和复试时间、地点、报名方式。

12 月　选考文化课

高三 1 月　省统考

主要考察对基础知识的理解，通过率比较高。

2～3 月　校考

提前确定目标院校。

4～6 月　备战高考

艺考结束，暂时放下，冲刺文化课，做好突击规划，针对性提分。

6～7 月　填报志愿

查询成绩，结合统考成绩、校考成绩、文化课成绩填报艺术类提前批志愿院校。

高中艺考时间轴

建立阶段性学习目标

建立阶段性学习目标，是艺考升学的重要步骤。

阶段一：基础技巧训练阶段

熟练掌握基本绘画工具的使用，如素描、水彩等。

学习线条和轮廓的描绘技巧，包括准确捕捉形状、透视和比例的把握。

理解和运用光影和明暗的表现，掌握阴影的处理和渐变的绘制。

学习色彩理论，包括色彩搭配、调和和对比等基本原理。

练习素描和速写技巧，提高观察和捕捉形象的能力。

阶段二：创作实践阶段

尝试不同的艺术媒介和表现形式，如油画、水彩、素描、雕塑等。

探索自己的创作风格和个性，培养独特的艺术表达能力。

挑战各种主题和题材，展示多样性的作品。

培养创意思维和表达能力，通过创作作品来传达自己的观点和情感。

参与艺术项目和展览，与其他艺术家和观众交流和分享作品。

阶段三：模拟考试和调整阶段

参加集训或模拟考试，熟悉考试形式和时间限制，并找出不足之处。

针对评估结果，调整学习计划和重点，加强薄弱地方的技巧学习。

进行针对性的练习和创作，以强化自己的实力，提高考试表现。

什么学生适合同时参加高考和艺考?

首先需要清楚自己为何选择同时参加高考和艺考，以及将来希望进入哪个领域发展。

同时参加高考和艺考的学生，通常被称为“双考生”，即通过高考获得进入综合性大学的资格，同时，通过艺考获得进入艺术类专业的资格。

虽然双考生的要求相对较高，但如果学生能够合理规划时间、保持积极的心态，并在文化学科和艺术领域都表现优异的话，那么他们就有望同时取得高考和艺术类考试的好成绩。当然，最终选择是否参加双考，取决于学生自己对未来的职业规划。

那么，同时参加高考和艺考有哪些优势?

（1）个人多元化发展。高考注重综合素质和学科知识的全面考核，而艺考则注重学生的艺术才华和创造力。通过同时参加两种考试，学生可以展现多元化的才能和兴趣。（2）提高综合竞争力。参加高考和艺考可以展示个人特色，尤其是在申请国外名校时，能在选拔中起到重要作用。除了学科成绩外，艺术经历可以成为学生竞争的优势。（3）多一个选择。同时参加高考和艺考，可以为学生开拓更多的专业选择。通过参加艺考，学生可以在升学时选择更符合自己兴趣和特长的艺术类专业，实现个人志向和发展。（4）增强艺术素养。参加高考和艺考，可以增强学生的艺术素养和审美能力。学生通过学习艺术理论和实践，提高自己的艺术素养，培养审美能力和创造力，对艺术有更深入的认识和理解。当然，最重要的是，同时参加高考和艺考，需要学生具备良好的时间管理能力和学习规划，保证学业和艺术专业之间的平衡，以达到升学愿望。

家长的支持和协助十分重要

家长在升学规划中扮演着重要的角色，家长的支持对孩子追求艺术梦想非常重要。我们要陪伴孩子努力去追求艺术梦想。

在升学规划中，家长需要做些什么呢?

（1）与升学规划师和学校进行合作与沟通。与孩子的升学规划师和学校保持良好的合作和沟通是至关重要的。了解孩子的学习情况、表现和需求，家长才能够更好地支持孩子的学习和发展。（2）监督孩子的学习进度。家长可以协同升学规划师一起提供必要的支持，帮助孩子完成计划。同时，帮助他们合理安排时间，平衡学业和其他活动。（3）疏导升学压力。升学过程中会伴随一定的压力和焦虑，升学规划师会协同家长帮助孩子管理和缓解这些压力，鼓励孩子保持积极的心态，接受挑战，增强他们的抗压能力。家长可以提供情感支持和鼓励，帮助孩子树立正确的目标和期望，并以身作则，积极应对困难和压力。（4）提供情绪支持和倾听。家长多提供情绪支持，倾听孩子的感受和困惑。家长要给予孩子安全和支持的环境，让他们能够表达自己的情绪和担忧。积极倾听并尊重孩子的感受，给予鼓励和支持，与孩子一起寻找解决问题的方法。（5）鼓励兴趣发展和综合能力培养。除了学业，家长还可以鼓励孩子培养兴趣爱好和发展综合能力，帮助孩子发现和培养自己的兴趣，并提供相应的资源和机会。同时，也要鼓励他们积极参加社团活动、艺术团体、体育运动等，培养和提升其综合能力。（6）提供科学的升学途径和选校策略。制定明确的升学路径和选校策略，了解不同学校的特点、录取要求和学术方向，了解相关的资讯和指导，制定合适的升学计划，为成功升学做出明智的选择。

艺术生的未来星光熠熠

艺术生的未来是星光熠熠的。在传统的绘画领域或者是在其他领域，艺术生们都能够展现出非凡的艺术创造力。

在我的朋友中，很多人成为优秀的策展人、知名设计师、艺术品鉴定家、收藏家、作家、文化领域的佼佼者……似乎艺术就是一扇能够通往无限可能的大门，打开它，就能够让孩子们的梦想在职业的征程中如星辰般闪耀。

结语

我想对每一个阅读这篇文章的人说：让我们一同踏上这场艺术之旅吧！毕竟是艺术让孩子们的梦想如彩虹一般绚丽多彩。与此同时，在艺术的殿堂中，升学策略也至关重要。让我们共同见证孩子从无知到明澈，从羞涩到坚定的成长历程吧！因为在这个美妙而多姿的艺术之旅中，每一次的绽放都是一场心灵的律动，让我们共同为孩子铺就通往艺术殿堂的道路。

如何顺应时代潮流，培养出闪亮世界的中国少年？

这是一个热爱教育，人至中年，大胆进行职业转型，全力投身教育行业后进化成长的女性故事。

2010 年，我走出国门，获得了加拿大综合排名 TOP2 Uvic MBA 的录取通知，3 年国外学习、生活和工作，让我体验到东、西方教育的不同，并由此激发出我的个性化成长的生命因子。

在与 20 个国家的人进行深度连接、学习之后，我也顺利地成为一位世界公民。教育带我走向更大的世界，见证过“三高（高智商、高情商、高生活商）人”丰富多样的生命状态，以此激励自己，去创造不一样的人生。

在遇到一群接地气的学霸之后，引发了我进行深度思考：为什么大多数中国学霸“高分低能”？

曾经我也是学霸 + 体育霸（专业运动员 3 年）+ 领导力霸（学生时代班长），但在成长过程中我也曾经历过荣誉与学业的拉扯。数学老师说我搞体育不务正业，体育老师说我有运动天赋。在学业和体育之间，我后来选择成为学霸。在我成长的路上，真正使我长期受益的是专业运动员刻意练习的经历。**运动生涯教会我对目标笃定，教会我面对失败，不灰心，不气馁，教会我每日精进练习，掌控自己的身体。**

也是在那时候，我在心中种下种子，开始思考如何才能培养具有国际化的创新人才。

我在行动中找寻答案。特别是自己做了妈妈之后，想落地实操的动力十足。

我曾拜访过北京和大理 10 多所创新学校的创始人，他们大多是在北、上、广、深等国际学校工作的老师或者相关负责人，还有的是外交官。

通过实地考察这些学校，我的一些收获是：这些学校创始人的教育理念都很棒，可是，具体的实施却需要人的推动和落实。后来，我创办成人读书会，带领 200 多位妈妈们通过读书来提升思维认知，获得成长。其中，我发现一个问题：很多人对于某些道理不是不懂，而是不能落到实处。

知道和做到差距很大，知行合一的关键点在哪里呢？

在行动和实践中找到答案。

后来，我和北京某知名教育集团教研总监合作做线上家庭教育，通过课程提高了家长的育儿认知，再辅助一对一案例咨询，帮助了300多位父母成长。家长们看到育儿问题的本质，从而能够更好地激发孩子们的学习动力。那时候，每天收到家长们如获新生的反馈和走向自我成长的决心，我真的非常高兴，以为自己已经解决了长期困扰家长们的问题。但等家长们回到自己的生活教育场景中去，还是会面临一堆育儿的焦虑和困惑。而我也不知道，问题到底出在哪里？

经过一番思考，我暂时放下了家长端的教育认知，回归到孩子身上。之后，我和北京某书店合作，自建博士、硕士海归团队自主研发绘本沙龙系列课程，依据哈佛大学加德纳教授的多元智能理论，创编中英文沙龙课程，激发孩子在“玩中学”英文，家长和孩子们对课程非常满意。但因为课程周期的缘故，在我们帮助过的20多位孩子中，有一部分孩子的家长反馈，孩子的学习时间有限，每周学一次有用吗？为了让孩子们能够拿到更好的成绩，有些家长甚至邀请我们去家里教孩子学英语。

问题一层层出现，我们教育的根本问题在哪里呢？

这个问题一直萦绕在我脑海中。后来，我遇到某升学系统，经过层层抽丝剥茧，从能量、能力和规划的角度，回归教育本质，帮助家长和孩子拨开云雾，借用升学系统，助力孩子找到优势，整合资源，快速成长。而这里便回归到**教育的本质——以人为本**。我看到教育背后的实际情况：特别是在北京市海淀区的家长们，他们对名校和教育有着很深的执着，而对个性化教育成长少有体验。父母无法理解孩子为什么不能拿高分，因为对他们来讲取得高分就是家常便饭。他们无法接纳自己孩子的学习状态和成绩，因为分数，全家鸡飞狗跳，孩子的成绩越来越差，压力也越来越大，逐渐走向一种死循环。升学教练能够打开这些卡点，借用心理学、脑科学和学习力方法助力孩子取得好的学习成果。这其中的关键点是什么？产生这些问题的根源是什么？解决孩子们主动学习的关键点又是什么呢？

带着这些疑问，结合自己遇到的实际情况，我开始反思：无论孩子们是在国际教育体系和国内教育体系中，还是跟随各种名师学习，家长们的焦虑并未减少。大家在各自的阶层焦虑着有关孩子教育和升学的问题。那我们的教育到底哪里出了问题呢？随着遇见的家长越来越多，以及听到海淀升学各种五花八门的“鸡娃”故事，我不由得发出感慨：**我们的教育到底哪里出了问题？如何帮助家长找到那份教育、升学、成长地图，安顿当下，因材施教，静待花开呢？如何能够激发孩子们的梦想，培养孩子们的自驱力？**

我后来又和深圳某创新创业教育平台合作，和世界顶级以色列创新创业教育教练合作，致力于激发少年梦想，给孩子们的内心注入“学习可以改变世界”的价值观。我作为辅助教练，看到孩子们因为梦想落地项目，他们全力以赴做调研、合作，进行头脑风暴，每个人为了团队目标发挥出自己的最大优势，那一幕幕爱上学习的场景，让我十分感动。我见证了孩子们一次次的改变，有的孩子重返校园，有的孩子懂得了合作，有的孩子开始有了学习目标。孩子们的执行力也在持续升级。这样的教育场景让很多人动容，有幸我也是其中的参与者，也曾带领两支团队拿到冠、亚军。

在创业营中，孩子们被场域激发出梦想和动力，而回到家里，家长的持续反馈却又回归现实：学校高分评价、亲子关系中产生的各种问题、上哪些补习班……这 5 年多的探索，还是回到了起点，我们的教育到底哪里出问题了？为什么家长一次次的提升，孩子一次次的成长，还是无法引领我们走出教育焦虑的泥潭呢？

这一路探索实践，我个人的进化成长也在持续迭代，我才发现，成为父母，是一场自我修行。《家庭觉醒》这本书以及过往教育咨询与家长们交流的经历，推动我走向内在成长和自我觉醒。**教育回归本质，是父母自我成长，以身作则，有足够的耐心去挖掘孩子们的天赋梦想，父母有格局和远见精准规划孩子教育成长，有能力提供物质和精神上的阳光、雨露和水。**

在 5 年多创新和实践教育的过程中，我有以下收获分享给各位家长。

维度一：家长需要做的是什么？确定教育目标，是注重孩子的高分能，还是创造力、合作力、解决实际问题的能力

当然，我们也会有高分创造力很强的孩子，但这是小概率事件。这也是当下传统教育和国际化教育培养人才策略的不同。对

于多数家长们来讲，需要更早确认自己的教育目标，以终为始，整合孩子教育成长中的各种资源，毕竟教育是一项长期价值投资，只有精准规划，才能让孩子在适合自己的路上发展。

维度二：挖掘孩子独一无二的天赋，是孩子成人成才的关键点

孩子真正成人成才的天赋是他独一无二的，父母借用专业资源帮助孩子找到这些天赋，并不断地补足，进行长板教育，培养孩子们的创新能力和创造力。

家长们普遍认为，孩子数学不好就补数学。而犹太妈妈们关注的则是孩子的擅长点，借用马太效用，强者越强。所以，犹太妈妈们善用长板养育的方式，放大孩子的长板，让人无法超越，也是让孩子在优势上成长。

维度三：在真实场景中，培养孩子的创造力和解决问题的能力

在传统教育体系下，我们学到的知识已经足够多了，所以，学以致用才是家长和孩子要关心的问题。

虽然传统教育培养出了很多高分学霸，但在当下世界急剧变革的时期，特别是在 ChatGPT 加持教育改革的背景下，国家和社会更需要的是具备创新能力、创造力以及解决问题能力的人才，而 PBL 项目学习体验则有助于孩子培养知行合一的能力以及与人合作的能力。

维度四：父母的认知和格局是孩子成长的天花板

父母终身成长也是滋养孩子成长最好的养分。随着新时代的发展，人类意识也随之进化，只有父母自我成长，才能更好地跟上新时代孩子成长的需要。当父母懂得站在孩子的高度看问题，才是懂孩子的开始。**父母所看到的很多不对的事情，在孩子的世界里并没有对错，只是因为时代认知维度的不同。**

维度五：培养一个自信开朗、心怀世界的孩子

中西融合萃取，回归中华文化之根源。很多国家推崇我们东方圣人——孔子，就连美国最高法院门楣上也有孔子的雕像。中华文化源远流长，传统文化的复苏也帮助孩子们增强了民族自信心。身为中国人，我们要有文化自信，相信中国自身的文化底蕴，这也是未来孩子到世界任何地方都不惧怕的重要因素。我希望，“我是中国人”可以成为每个孩子未来面向世界的底气。推荐父母根据不同年龄阶段带孩子读一些传统文化经典，如《道德经》《论语》《三字经》等。

作为一位海淀妈妈，这个身份曾经带给我很多焦虑和不安，同时，也成为我一个闪亮的光环和动力，激发我持续精进深耕教育行业，激活更多中国家庭，培养面向未来国际化的创新人才。在一路探索和实践中，我成为教育规划创业者，持续践行服务中国家长们因材施教，助力孩子们成功进入理想学校。

设计未来

通往名校之路

每一次**挫败**都将成为我们未来最重要的**财富**。

张秀君（VV）

- 中国首批升学规划师
- 家庭教育指导师
- 985 孩子的妈妈

生命在于不断攀升：从平凡到高阶的进取过程

对升学过程的经历与理解

我曾经是一个很不受待见的人，连家里的父母和姐姐都不待见我，原因是我的成绩不好。后来，妈妈让我转去了一个教学水平比较高的学校。在展示了自己数学方面的天赋之后，我得到了数学老师的赞赏，也逐渐找到了自信。我不仅对数学有了自信，对其他科目也渐渐自信起来，哪怕课堂上对老师所教授的内容不太理解，自己也会去自学，寻找解决问题的方法。同时，我也会做一些习题来拓展自己的思维。这一系列的经历让我坚信：我有能力自学，且这个能力会让我一生受益。

我相信：每一次挫败都将成为我们未来最重要的财富。

因为我偏科严重，所以很遗憾高考没能考上很理想的大学。

而那时的我，也没有钱和时间读硕士。但是我坚持不断学习，按需学习让我找到了自己的人生价值。

至于我为什么会走上升学规划、精准规划的道路上来，主要是因为我的女儿。我的女儿就是一个天使，是来渡我的。当初我也是为她的升学没有方向，十分焦虑。做父母的肯定希望自己的孩子未来能走得更顺更高，因为没有目标和方向，只能盲目地寻找。值得庆幸的是，升学道路没有走歪，所有的不顺都成了孩子成长中最宝贵的经历。以下是我对升学的一些理解，在这里分享给大家。

孩子升学有以下几个重要阶段。

第一阶段：小学

我的女儿曾经在一所公立小学读书，作业量很少，她学起来比较轻松，有很多时间可以玩耍，而课外的兴趣班也没有报太多，因为她的特长都不明显，所以只报了舞蹈和乐器。孩子也不补课，因此空出了很多时间，那干什么呢？阅读。孩子利用这些时间看了大量的课外书，包括小说、文学、历史、科技、自然读物等，国内外的都看，杂志也看。同时，她还看了很多国外有名的电影、纪录片。当时也感受不到内卷，但也许有内卷，只是我没有感觉到。那个时候，孩子确实看了很多“无用”的书，也看了很多“无用”的视频。事实证明，“无用”最后都成为“有用”的积累。

第二阶段：初中

孩子初中是在一所相对较好的中学就读。这个中学不是成都最好的中学。当初，我的想法是送孩子去最好的学校，哪怕是倾其所有。但事实证明，这个想法是错误的，是我高估了孩子的能力。最后我做了妥协，选择了一个相对较好的学校。三年后，我发现这才是我们最好的选择。孩子在初中没有消耗过多的精力去“卷”没必要的内容，以至于她上了高中非常有后劲。在这所学校里，元能力培养很到位。孩子是循序渐进地学习知识，把知识的底层原理抓得很牢靠，把能力基础也建立得很好，并为高中打好了坚实的底层基础。

第三阶段：高中

高中我们给孩子选择了一所新开办的公立学校，学校负责人是七中过来的，我们看重了它的管理理念和师资。在高中阶段，孩子的表现非常好，很有存在感。小学阶段广泛阅读的效果，在高中的学习中体现得非常明显，孩子的文科和理科都得心应手。早期的元能力的培养，让后期的学习更轻松，孩子也更有潜力。而初中基础知识的磨炼，也让她在高中的学习中游刃有余。我一直认定，读书的过程就是培养孩子的元能力的过程。所以当她在学习中遇到困难的时候，我会引导孩子自己去主动思考问题，并解决问题。如果问题超出了她的能力范围，我们会找专业的老师去帮助她。**我认为，教育的本质就是要给孩子学习和成长的机会，**

培养他未来在社会上实现自己价值的能力。

最后，孩子考上了北京的一所985大学。她对未来充满了希望，也对自己的职业有很长远的规划；同时，她也认识到自己是一个综合型人才，在学校里她会按自己对未来的规划进行有意的学习和锻炼。她想成为一个管理人才，也想未来可以自己创业，所以与管理、创业相关的课程她都会努力学习。她还加入了学生会，表现也很不错，一年内从一个小干事升到了部长，学生会书记也开始找她谈话，问她对书记这个职位有没有兴趣。这些都是她自动自发的行为，在这些行为的背后，早期的价值引导起了很大的作用。

让我感到遗憾的是，在高中阶段，我没有给孩子心理上、人际关系上提供更大的帮助，这也是我在做升学规划中缺失的部分。为了弥补这个遗憾，我花了一年的时间，自己考了心理咨询师证书和家庭教育指标证书，也拿到了中国智慧工程的升学规划指导高级证书，希望可以帮助社会上更多的家长。

自己孩子的升学过程，对我的事业帮助非常大。在孩子升学的路上，我就一直从事着升学规划的事业，从中我也能感受到家长们的所思所虑，使我能够站在家长们的角度更好地去服务和规划。

我做升学规划这 8 年都做了些什么

在做升学规划的 8 年时间里，我一直给家长们提供传统升学途径和资源，帮助 10000 多名孩子成功进入四川省各大名校。

很多家长都希望自己的孩子一直保持优秀，直到升入理想的大学。然而现实却是，在从小学升入初中、初中升入高中的阶段当中，很多小学期间很优秀的孩子，到初中就开始不适应，成绩也有了波动。有的孩子的成绩一落千丈，甚至还有的孩子患上了抑郁症。家长们对此感到十分慌张和焦虑。

我看到很多本来优秀的孩子最后没有好的未来，就想帮助他们，当时也分析过原因，大概与家庭教育、心理问题、未来目标和价值观等因素有关。后来，我拿到了家庭教育指导师证书和心理咨询证书，也是希望能帮到孩子们。

对于成绩不太理想的孩子，有的家长会花大价钱让孩子进名校。当然有的孩子确实因为得到了好的环境和好的教育资源而变得越来越好，但也有不少孩子没有达到家长当初的预期。于是，有些家长认为这是学校的问题。对于这样的情况，我认为不全是学校的问题，更多的是家长的问题，但我没有更有力的证据去证明我的想法，因此无法帮助家长及时改善。

在经过一系列的学习之后，我对这个问题渐渐有了更清晰的认知。后来，**在做升学规划的过程中，我会带着全面的教育思维去引导家长，跟他们谈孩子的家庭教育问题，对他们进行心理引**

导，并帮他们弄清楚学习的底层逻辑，即培养元能力。比如，我们公司来了一个员工，在试用期期间，我就发现这个员工逻辑思维方面差一些。我就问："你的数学怎么样？"他说："很差。"其实就是逻辑思维能力太差了，因此，他在工作中表现得平平。即便是未来做文字工作或者销售工作，若是逻辑思维能力太差，都会在很大程度上影响你的工作效率和能力表现。我们深挖身边的人，认真分析一下就会发现，那些我们在校园里学到的知识看起来用处不大，在生活中却处处能体现出来，非常实用。

为了能更全面和精准地做好升学规划，我开始走向中国的一线教育城市——北京。那句话真不假，"中国教育看北京，北京教育看海淀"，能在北京市海淀区"卷"出一条有特色的路，那一定可以引导中国其他城市的教育。

升学规划的未来

"升学 = 找名校"的单纯规划时代过去了，"升学 = 能力提升 + 能量提升 + 规划"的时代来临了。

"能力提升"和"能量提升"是培养元能力的过程，而规划不仅仅是指学校规划，更重要的是根据孩子的个体特性规划他的未来，使他在社会上成为最有竞争力的人才。

未来的规划 = 能力 + 个性特质（家庭、孩子个性、专长特长）+面向全球化资源整合的规划。每个年龄段应该做什么规划，与孩子的职业生涯是息息相关的。

升学规划是有阶段目标的：

3～9岁：行为习惯养成期，包括专注能力、表达能力、逻辑思维能力、数字能力、时间管理能力、家庭教养、正确教育三观。

10～12岁：理想价值观、逻辑思维、空间能力、总结反思能力、深入思考的习惯和能力、心理健康。

13～18岁：能力训练、升学规划、整合优质中学资源、特长优势、国外规划、成长训练。

18～22岁：大学生学业规划、考研出国路径规划、基础能力培养规划、职业升级能力培养。

22岁以上，职业和社会单位资源整合……

升学规划是一个系统工程，我们主要针对的是5～18岁的孩子进行学习能力提升和升学规划，为孩子未来成为一个对社会非常有用的人才打下坚实的基础。

未来的目标

学校资源整合+学生综合能力+家庭综合水平提升=孩子成为未来之才。

设计未来

通往名校之路

只要孩子**内心状态**是饱满的，孩子的**成长**就是**健康的**。

彭海鹰（睿思）

- 拥有两张国际教师资格证（国际 IB + 美国）
- 腾讯官方《八点一刻》栏目资深青少年阅读教育专家
- 因公益阅读推广成就，被国家广电总局授予"书香家庭"的称号

看见孩子内在的光

我是睿思老师，我的主要工作是为大家解决家庭教育规划中的双语阅读规划问题，服务对象主要是0～12岁的儿童。我深耕教育行业23年，拥有两张国际教师资格证。我在儿童阅读领域扎根16年，为数以千计的家庭提供过双语阅读指导服务。因公益阅读推广，还曾被国家广电总局评为全国“书香家庭”，且是腾讯视频号官方《八点一刻》栏目资深青少年阅读教育专家。我热爱读书，已读完100本中文名著、300本英文原版书，我还拥有一间中英文童书超过3000册的家庭阅览室。同时，我也是两个孩子的妈妈。

我能让孩子爱上阅读，能帮家长们解决阅读中遇到的诸如如何选书、如何讨论、如何共读以及如何处理好亲子关系等各种问题。我致力于用阅读让孩子能力强、成绩好、亲子关系融洽。

在我的指导下，有的孩子从大班开始进行英语原版阅读，小学三年级就能读原版的《疯狂学校》，相当于初中学生的英文水平，并且口语十分流利；预初学生不刷题，只用两周时间，英语成绩提高 18 分；小学生读完百本科学书籍、百本科学杂志，中考学业考《科学》科目取得满分的优异成绩；五年级学生能把《明朝那些事儿》反复读 5 遍，摸索出把书分类精读的方法。

在这么多经历中，最令我难忘的就是指导我的女儿进行阅读。

因为我的女儿，是地地道道的“学渣”，或者说是一个有阅读困难的儿童。

到了学龄，她死活不肯识字，后来勉强接受识字，但是一个字要教几十遍甚至百来遍才能学会。一年级学习古诗《梅花》，上课前预习过，上课时老师仔细讲解过，上课后父母反反复复启发一个多小时，她还是没能背下来。她写作业错字、别字满天飞，一年级的时候，写十个字，要错六七个；到了四年级的时候，依旧会把字写反。她一开始很不愿意自己读书，待到举起书来读，又频繁发生错字、漏字、跳行等情况。后来我带她去检查，才知道她的视动能力落后年龄 3 岁。

面对这样一个有阅读困难的孩子，该怎样辅导她进行阅读呢？我的答案是：量身定制阅读方案，用科学的方法指导阅读，用爱心和耐心陪伴其阅读。

从书籍的选择上来看，可以从适合她读的书中选出她喜欢的，为此我购买了大量的中英文童书，为其精心挑选适合她的内容。

从亲子阅读过渡到自主阅读阶段时，需要孩子自己多读。但是女儿很抵触自己读书这件事，我就采用“花式读书”法，从她读一行，我读一段开始，逐步加码，最后她在 8 岁那年的暑假，能够自己主动读完一本绘本，顺利开启了自主阅读。

我女儿的记忆力很差，看书经常看了前面，忘了后面。我就在她阅读后，引导她复述读过的内容。复述既能提高孩子的记忆能力，又能提高孩子的语言运用能力。起初她不肯复述，在我的坚持和耐心引导下，也不过说一两句就打住了。但是我没有着急，我一边肯定她的努力，一边耐心地等待她的进步。经过一段时间，她能一口气复述好几分钟。

此外，我的女儿是一个听力型的孩子，对她而言，听故事比读故事更简单。我就采取“先听后读”的方法，让她先听故事，再读故事，这样阅读就变得容易很多。为此，女儿听坏的音频播放器就有十几个。

甚至为了在家中营造出读书的氛围，减少电子产品对孩子童年的干扰，我在孩子 6 岁前只用诺基亚 99 元的老人机，保证自己不把过多的时间和精力浪费在电子产品上。我还把客厅直接布置成书房，家中各个房间都有书架，让孩子处在一个想看书就有书的环境中。

通过用心的陪伴，再加上持之以恒的努力，最后我收获了一个 12 岁就能读中英文《哈利 · 波特》的孩子。

这真是阅读给我带来的惊喜！

回想起女儿幼儿园及一年级时的种种表现，那时的我是多么挫败。我曾以为女儿这辈子也许不会读写了，即便会，也不过认得几个字、会写自己的名字，不当文盲而已。因为她和同龄人差距太大了！谁知“小蜗牛”竟赶上来了！女儿 12 岁时，几乎没有人相信她有阅读困难。

我把女儿从一个有阅读困难的孩子“改造”成了一个会阅读的孩子。

而女儿也改变了我的人生。

在辅导她的过程中，我查阅了大量国外的教育资料。各种原版读物、原版教材让我大开眼界。我了解到美国教育体系对像女儿这种有阅读困难的孩子是比较友好的。于是我萌生出带女儿出国的想法，我留学，她陪读。2018 年，已到中年的我，克服记忆力衰退、脑力不足、家务烦劳的困难，43 岁背完 10000 个左右的单词，考出 GRE，语文也考出 162 分的好成绩。

正当我踌躇满志，打算全力以赴申请留学时，母亲的突然离去打断了这一切。

丧事后的我，一坐到书桌前打开书，就无法抑制地陷入悲伤中，整个人变得容易昏沉、嗜睡。女儿那时在学校里也遇到了很大的挑战，出现了厌学、逃避作业等情况。

如此“躺平”达半年之久，到 2019 年 3 月左右，看着厌学的女儿，我觉得自己不能再这样“沉沦”下去，否则会耽误孩子。

于是我选择了进行一项以往最排斥的运动——跑步，用培养跑步“微习惯”这种方式来改善和突破自己。

2019 年 4 月 13 日，我开始了第一次跑步训练，用 28 分钟跑完 2.44 公里。几个月后我就可以跑 10 公里了。

跑步赋予我力量，让我重燃了出国申请的信念，经过一波三折的申请，我最后只申请了一所学校，就获得美国教育学硕士（纽约州教师资格证项目）的录取通知书和奖学金。在这个过程中，我还考了国际 IB 教师资格证（PYP）和美国教师资格证，从而对国际教育有了更全面、更深刻的了解。

此外，在帮助女儿这只“小蜗牛”一步步往前爬的过程中，女儿也教会我很多东西。对于女儿这个特殊案例的辅导，进一步拓展了我的教学经验，让我对因材施教、差异化教学、如何帮助孩子等教学策略有了非常深刻的认识。

“因材施教”是中外教育界普遍认可的一个基本教育原则。因为每个孩子都是一个独特的个体，教育应当在遵从个性、顺应个性的基础上加以引导，而非压制个性、强求一致。

那么怎么在具体教学中实现这一原则呢？那就是差异化教学策略。换言之，**不同的学生，用不同的教学方法，提供不同的资源，有不同的学习任务**。

从学习能力来说，孩子可以分为三种类型：天才儿童（talented students）、普通儿童（general students）和有特殊需求的儿童（students with special needs）（有读写困难、自闭症、多动症等情况）。

按照学习风格，又可以把学生分成视觉型、听力型、动觉型几种。视觉型的孩子更接受听课、记笔记、抄写等学习方式，而动觉型的孩子在动手等的学习任务上表现更好。

拿美国的教育来说，假如一个学生是天才学生，学校会提供另外的资源，让他超前学习。

在 IB 教育中，教师设计教案时，对于动觉型而非视觉型的学生，可以把抄写作业设计成为表演作业。

对于能力强的学生，差异化教学避免了那种“你会了，也要多练几遍，练到滚瓜烂熟”的情况下造成学生时间和精力的浪费；对于有学习困难的孩子，在差异化教学下，作业可以布置少一点，简单一点。等孩子能力进步了，再提高作业要求。

在学习美国教师资格证课程时，教案作业里都必须包括差异化教学的内容。而我由于辅导女儿的经历，这部分作业每次都会得到“You are strong”等类似表扬。

最后我想说，是女儿成就了今天的我。

女儿从小学一年级开始就是作业困难户。我由于担心女儿的学业而打算出国，在等待出国的过程中，同时完成了国际教育课程的学习。这让我有机会拿国内公立教育和国际教育进行比较，进一步打开了教育视野。**我意识到，所谓孩子学业给家长的压力，是和在国内的教育环境下，各种奇特的压力传递机制有关的，和培养体制设计不合理有关，不是孩子的问题。**

在国内等待两年后，由于各方面的原因，我被迫放弃出国。

辛辛苦苦花两年时间准备，终于克服了重重困难拿到了录取通知，最后却不了了之。

长期的操劳透支了我的身体，等待出国的彷徨耗尽了我的力气，无法出国的失望，成为压倒我的最后一根稻草，我一下子病倒了。最危险的时候，我整个人处于半休克状态，血色素只有 42 克，感受到了那种“生不如死”。

在我卧床休养的时候，经常是女儿做好饭，端到床头，照顾我，这使我非常欣慰。

这期间发生了一件事。

某次考试，女儿考了 74 分，她和我说：“妈妈，我考得很好。上学期试卷我考了 74 分，和上学期比，这学期的试卷更难，我同样考 74 分，考得很好；我的同学还有考了 60 多分的，和他比，我也考得很好。”

而此时的我，已经被内耗到奄奄一息了。我望着女儿因为户外活动而晒得黑黑的脸，健康而又充满活力，为女儿强大的内心所感动。比起她的生命状态，作业和学习成绩又算什么呢？

我顿时有一种豁然开朗、破茧而出的感觉。

从那一刻开始，我在观察孩子时，衡量的重点不再是外在的成绩、才艺、表现，而是转为孩子内在的状态。**只要孩子内心状态是饱满的，孩子的成长就是健康的。**

从那一刻起，我才真正感受到并理解了教育的根本意义。**教育的根本意义在于引导孩子找到自己内心的光，在追寻那道光的**

过程中成长为更好的自己。

相信孩子自身的生命能量，帮助孩子找到令自己生命发光的方式。只有看见孩子内在的光，孩子才能活出外在的光。

这就是我的故事，一个由“躺平”到努力到再出发的中年女性和她的“学渣”女儿的故事。

设计未来
通往名校之路

不管你在哪里**起跑**，我都能帮你在**名校拔尖**。

黄欣旭（黄黄老师）

- 北京师范大学本硕、牛津大学交换学者
- 10 多年已帮 10000 多名孩子轻松提分
- 原长沙四大名校教师，长期带班第一

提高分数进名校，不是补课就可以了

从一个迷茫又普通的小镇姑娘，到找到自己的使命，我花了很长时间。我相信，很多人也和我一样。而今，我深耕教育事业10多年，在帮助了上万名孩子后，我终于可以说，**我此生最大的使命，就是帮助更多孩子成功进入理想的学校，且让他们保持强大的生命动力，活得成功又幸福。**10多年来，我在教育工作里，获得了太多滋养和成就感。可以说，在我这里，没有什么“疑难杂症”，所有提分问题都能迎刃而解。

我是怎么做到的呢？且听我说说，我过往30多年的经历，是如何加持我做好这件事的。

我本人一直靠着升学规划，靠着强大的自驱力，不断进行学历升级和教育破圈。

我出生于湖南省一个国家级的贫困县，父母都是非常普通的人，他们学历不高，收入一般。但我的妈妈非常重视我的教育，她总说："因为我自己以前没什么机会读书，所以希望你在有机会的时候，能把握机会多读书。"

而且，她对我的成绩没有过多的要求，甚至在我高三升学压力大的时候，还反复说："不用那么焦虑，那个谁谁家的孩子，就考了某某学校，现在活得也很好。"

多年以后，我才领悟到，我妈妈是非常懂"教育的平衡艺术"的。

很多家长喜欢说："我们那一代都不补课，也不"卷"，不像现在的孩子……"我想说个扎心的事实：可能不是你们那一代不补课，不密考，只是你们所在的那个群体没有接触到这一块。

我从小学开始就见证了升学体系对"普娃"的残酷和对"牛娃"的极度友好与青睐，也非常清楚，走哪些路径可以让"普娃"成功打入"牛娃"圈。

升学进名校这件事，影响的不仅是孩子们的学历，还影响孩子们成长过程中的自我效能感和胜任感——往往"失败不是成功之母，成功是成功之母"。

在学习经历中备受肯定，在家庭教育里获得了爱和归属感的孩子，成年后往往也更加容易做出成就。否则，就需要很长时间来自我疗愈和超越。

我小升初时通过参加考试，成功被省城顶级私立初中录取，只不过因为父母不放心我独自去那么远的地方上学，所以我没有去读。但这件事给了我很大的自信。初升高的时候，我也是把能参加的升学考试，都考了一遍，最终考入长沙名校尖子班，拿着全额奖学金免费读高中，甚至连往返长沙和县城的路费学校都给报销。

在名校实验班良好的氛围下，我真的觉得自己没怎么消耗意志力，就比较轻松地考入了北京师范大学。

在大学期间，我也考入了北京师范大学的实验班，又曾去牛津大学体验交换生活，学习期间还得到了教授们的高度肯定，说是我打破了他们对中国学生的印象——大概是说，很难有像我这样，既“社牛”、外向，成绩又好的中国孩子吧。

我的老师们经常说我：“小黄同学真的看上去一点都不努力，结果成绩都蛮好。”

可只有我自己知道，那些寻觅适合自己的学习方法和路径的日子有多么难熬。没有专业人士的引导，独自去琢磨高效的学习方法，是非常难的。高一时，有段时间我每天都熬到凌晨才睡觉，就为了研究出适合自己的数理化学习方式。

也幸好，我花了很长时间去研究，这使我保持了很高的生命热情和能量。所以，我这样一个起点非常普通的人，30 岁前就创业拿到了结果，实现了基本的财务自由，不为生存焦虑，更能选择我擅长和喜爱的事业，从而实现正向循环。

我在北京师范大学就读的时候，在校内，疯狂地学语言学和教育学理论；在校外，没少忙实践。

大一，我就在北京市海淀区和朝阳区，给十来位孩子做家教。经过我的辅导，每个孩子都有巨大的进步。这时，我就发现了自己做教育的天赋，因为我总是三言两语就能帮孩子疏通妨碍成绩进步的卡点。孩子们经常大呼：“黄老师神了！”

大二，我萌发了终生从事教育事业的想法。因为在这年，我加入了一家清北新生代研学企业，借助平台力量，我带着清北的省状元们，回到了我的家乡进行公益讲座。我们坐火车从北京来到长沙，又从长沙坐了 5 个多小时的大巴才到家。到达目的地的时候，我的状元同学都因为晕车而精神状态不佳了。下车之后，我们只花了半小时时间休息，就开始进行演讲分享，没想到效果非常好。中学的孩子们渴望获得好的学习方法，渴望了解学科知识的底层逻辑的那种求知的眼神，点燃了我们所有人。讲座结束后，孩子们还把我们团团包围，不断提问。也是在这次活动里，我深深感觉到了“被需要”。

“作为一名从大山里走出的北京师范大学的学子，我定要赋能更多孩子的教育。”我暗暗地想。

大三，我又尝试了雅思教学，当别的大学生还在花钱学雅思的时候，我已经考到了雅思 8 分，并且开始教大学生雅思课程了。这时候，我就有一节课四位数的收入了。

毕业后，我进入了长沙市排名第一的中学任教，学校直接给了编制。我也没有辜负学校的信任，把入学时成绩较差的班级，带到了稳居年级第一。当时，我甚至吸引了很多有经验的老师，来我的班上听课，询问我的教学模式和教育管理制度。我制作的英语课内、课后流程和课代表制度，在全年级推广。

大家也非常好奇，这样一位初出茅庐的娃娃脸女教师，看起来还一副很容易被中学孩子们欺负的样子，是怎么做到让孩子们学习动力满满，又是怎么做到让孩子们飞速提分的？

当时，我教孩子们英语科目，所有守我们班晚自习的老师都说：你们班的孩子们为什么总是先写英语作业？你是不是给他们提要求了？

真相是，我从没有说过一句类似的话，都是他们自己喜欢的缘故啊。正因为我给了他们足够的英语学习的胜任感和自主探索感，他们才自发自愿地爱上了这门学科。我带的班级有 50 多名学生，我最自豪的就是，我能做到无一人走神，孩子们完全集中注意力听我讲课。

做到这一切并不容易。我白天专注于教育教学，晚上写每日教育手记和复盘。每年的寒暑假，我都会抓住一切机会学习各种课程。不管是语言学、教育学，还是心理学、脑科学，凡是关于教育的一切，我都如饥似渴地学习着。我的家里到处堆放着教育类的书籍，毫不夸张地说，那些年，书本成了我最亲密的“爱人”。

不可否认，越研究，越实践，越觉得需要学习的还很多。现如今，我依然坚持着原来的习惯，会在社交平台上记录教育灵感和理念，并分享给大家。

有人问我：“选择和努力哪个更重要？”我的回答是：“在精准

规划前，选择更重要。在选择后，努力更重要。”

我研究得越透彻，孩子们提分路径就越简单。把复杂留给自己，把简单留给别人，这是我的创业理念。

大家看到我的提分结果，想模仿我的教学过程，我都是无私分享。但我自己知道，我的孩子们之所以高分众多，和我的底层认知和思维方式密切相关。和一般老师不同的是，我是从学科知识提分和非学科因素提分两方面一起努力的。

非学科因素有三大板块：**第一是提升孩子的内驱力、心理能量、积极情绪。**解决情绪漏斗的问题，这样可以从根本上极大提升孩子的学习效率。**第二是疏通孩子的社交关系，包括师生关系、亲子关系和同伴关系。**这是中小学生遇到困难最大，却又难以说出口的一个板块。**第三是针对孩子的优势风格制定学习计划。**比如有的孩子属于听觉型，多听效率高；有的孩子属于动觉型，我会鼓励他制作单词卡片；有的孩子属于视觉型，我会多用多媒体素材输入和图表输出。

解决以上三大问题，再加上对学科学习的深入理解，我就能迅速提升孩子的学习能力了。这样不仅很快就能让孩子实现分数提高，而且还能真正提升“学习的底层能力”和“终生学习的动力”。这一点，让许多孩子受益终生。上大学和工作以后，我带过的孩子们依然喜欢跟我分享喜报。看着他们越来越好，我真的觉得付出再多都值了！

轻松拿高分的本质是，战略和战术要两手抓。道、法、术、器，得按顺序提供给孩子们。这样孩子们能“无师自通”。

事实上，我在公立名校教书的时候，在孩子们初三时，我对他们几乎是“放手状态”，他们也同样能保持班级第一的成绩，中考依然稳居第一。任何的家长或者老师，如果能复制我提分的精髓，一定也会发现——**教孩子这件事，是可以越来越轻松的**。

也因为从大学到工作后，我一路的结果拿得太多了，所以，后来我辞去编制改为创业，几乎是秒下决定。我深深觉得，自己一定能创办出属于自己的教育品牌，创造出理想中的教育课程，让我的系统造福更多家庭。

但是，“打脸”来得很快。

因为不懂商业推广，我一开始连开班都很难。我妈妈得知我辞职后，几个晚上都睡不着觉。一开始，我的收入也很不稳定。我把自己的履历发出去，还有家长怀疑我是骗子：“怎么会有在北京师范大学毕业又从长郡辞职的老师来开补习班呀？”

一开始，我还去百度，找官网图片来证明自己的身份。其实一搜我的名字，所有信息都能被证实。

但是后来，我知道了，所有解释都是苍白的，拿结果说话才是最有力的。

短短一年的时间，我就拿着成绩和结果，把口碑打了出去。经过两三年的沉淀，慢慢地，我的课“一座难求”；接着我继续培养老师，慢慢地，团队伙伴的课也开始“一座难求”。

就这样，在长沙教育最“卷”的片区，我站稳了脚跟。

可是这并不够。因为在过往的专业学习和多年的教学生涯里，我深深明白，学科培优和补课提分只能解决一部分孩子的问题，我们想要提供给孩子的是整体的解决方法。所以，我又加入了教育评估和升学规划板块，希望能够帮助孩子们真正实现100%的提高。

我们在长沙，是首家这样做的教育机构。我们既能轻而易举地提升孩子们的学科能力，又能从根本上疏通他们关于学习的非学科底层逻辑问题。

我在给很多家庭做第一次咨询时，经常听到家长跟我絮叨过去被“忽悠”着走过的弯路，花了钱不说，最重要的是错过了孩子成长的关键期，浪费了宝贵的时间。

从小镇到长沙，从北京到牛津，从超大机构到公立名校再到自主创业，我深入了解了所有的教育场景。

作为了解一切教育体系的逻辑和运行规律的老师，我真的特别希望打破教育的乱象，让家长有一条清晰可行的路走，把常见的误区帮大家指出来，让孩子们少走弯路。

自创业以来，我带着团队伙伴们一起帮助孩子们提分进名校的案例数不胜数。可以说，无论孩子患了哪种学习上的“疑难杂症”，到了我这里，都能成为好好学习的“乖宝宝”。

10多年来，我们通过一对多的方式，累计帮助了10000多名孩子成功提分并进入名校；通过一对一的方式深度细致陪伴了1000多个家庭实现逆袭。

在未来，我会帮助更多家庭不走弯路，精准规划，轻松提分；还会赋能更多像我一样有教育理想的老师，跟随内心，创办理想的教育事业。

教育是三位一体的，学校、家长、社会，缺一不可。

在向内探索的时代，我们会帮助更多家庭破内卷、除焦虑、拿结果。

我作为一个优质教育资源的受益者，深知教育对于个人成长和未来的重要性。我希望能将我所获得的教育经验和心得分享给更多的人，帮助他们打破教育的壁垒，实现自我成长和提升。我相信每个人都有无限的潜力和可能性，只需要得到合适的机会和引导，就能够释放出自己的才华和力量。因此，我愿意尽我所能，去帮助那些需要教育支持的人，为他们提供帮助和指导，让他们也能够享受到优质教育带来的机会和益处。

设计未来

通往名校之路

每个孩子都是**独一无二**的，他们需要的不是**千篇一律**的教育模式，而是能够**激发**他们内在潜力的**个性化教学**。

曾雯

- 前新东方功勋教师，带出 50 多名国赛金牌小选手、100 多名省赛金、银、铜奖得主
- “慧闪星”亲子英文启蒙定制创始人
- 中国首批国家认证升学规划指导师

做好家庭英语启蒙，助力孩子成就梦想

我从事英文教育行业 14 年，是“剑桥国际认证”英语教师，也是新东方“功勋教师”。我经历过自己孩子英文启蒙教不好而自我怀疑的迷茫时刻，庆幸的是，我冲破了迷茫，找到了方向。现在，我自己创业，创办了“慧闪星”亲子英文启蒙定制。

在不到 3 年的时间里，我影响并带领 500 多组家庭，1000 多名孩子开启科学启蒙，带领 600 多名孩子参与国内各项比赛，其中，获得国赛金奖 30 多人，银奖 25 人，铜奖 15 人……孩子们获得的荣誉有：“常春藤亚太区”冠军、“未来外交官”冠军、“希望之星”郑州市冠军、“阅读之星”全国亚军、郑州市少年儿童口语大赛三届学前组冠军等。

如果你问我，为什么放着好好的新东方大学部老师不做，偏偏要涉足当时市场上不被人理解的教家长如何做亲子英文启蒙教

育的领域，我会这样回答：做这个领域是我自己从业英语教育这么多年的积累，所以想尝试做英文启蒙。但若不是家庭（当妈妈）所迫，谁愿意摸着石头去过河？

在别人眼中，我的职业发展顺风顺水，仿佛总是被上天眷顾：20 岁通过全国选拔，成为河南省唯一国家公派赴英国进行文化交流的 9 名年轻人之一，随后赴英国爱丁堡进行国际志愿者交流，接着又登上上海东方卫视，接受采访，并成为我所在的大学建校以来第一个国家公派出国的在校生。此后，更是赴美国拉斯维加斯担任国际展会翻译，还担任澳大利亚国际商会翻译，赴澳大利亚访学半年。回国后，又成为新东方功勋特级英文教师，并顺利考上中国人民大学教育行政管理学研究生。

但事实却是，我不过是拿着最普通的牌，硬生生打出了别人眼中的“王炸”。

初中时，我曾因为英语成绩太差，被英语老师轰出教室，并对我进行言语羞辱。

到新东方后，作为新老师自己精心准备了一周的课程，被台下的老教师嘲讽。

暑假连续代课 50 天，每天跑 3 个校区，站在讲台上讲 10 个小时的课，把自己累到住院。

接下来，我来讲一讲，一个普通女孩，是如何通过英语这门语言持续破圈，最终改写自己命运的故事，以及我是如何理解孩子英文启蒙这件事的。

我所说的每一句，都是我走过的路、踩过的坑、总结的经验。

我认为：有规划的人生是蓝图，没有规划的人生叫拼图。

如果你想做一个称职的父母，给孩子规划美好的人生；如果你想让孩子赢在起跑线上，却苦于找不到正确的英文启蒙的方法，一定要认真读完这篇文章。

14 年 4 次“自我怀疑”，从新东方“功勋教师”到“亲子英文启蒙教练”，我如何不断对教学方法“自我否定”，迭代重生？

14 年 4 次英文学习理念的“自我否定”，直到我培养儿子 Nemo 成为别人眼中的英语“牛娃”。若非角色所迫，谁愿意逼自己满身才华？

任何的人前发光，都是背后的百炼成钢，我的教学理念也经历了 4 个阶段的迭代和升级。

阶段一：死记硬背，靠“中式”英语演讲出圈

我在大学学的是心理学专业，那时班级举办英语演讲比赛，我被同学怂恿报了名，竟然拿了班级第一名，继而一鼓作气又拿了全系和全院的第一名。

这些看似轻而易举获得的成就，是我一篇稿子背 3000 遍无错

的肌肉训练。从此以后，我因为演讲比赛，开始了我的“逆袭”之路。

那个时候学英语更多是靠多读多背。单词量不够，句子记不住，没有别的办法，只有花更多的时间死记硬背。连辅导员老师都说，只要周末在宿舍找不到我，去小花坛准能找到我，不管春夏秋冬，总能看到嘴中念念有词的我。

因为英文演讲比赛取得了好成绩，学校把外宾参访接待和带同学练习英语的机会都给了我，这就给了我更多开口练英语的机会。

那是一段铭记于心的闭门造车学英语的历程，也是我坚持与成长的见证。**每一次刻意训练都为后来的人生铺下了垫脚石。**

阶段二：全球交换学习，原来这么多年我学了个“假英语”

大二期间，一个朋友和我分享了一个活动：Global Xchange 全国正在招募 20～29 岁青年人到英国进行青年志愿者文化交流活动。出于好奇，我填写了申请表，未曾想，这一步竟然彻底改变了我的人生。

几周后，我收到了面试邀请，这场面试扭转了我的人生轨迹。人生的每一步路都不白走，我在大学期间积累的英语教学经验，在面试中发挥了巨大作用。

面试官对我的表现赞许有加，在接下来的日子里，我一个月 8 次往返北京，参加多轮面试，我从 10000 多名申请者中脱颖而出，成为河南省唯一一个国家公派赴英国文化交流的年轻人。在赴海外交流学习的 9 名志愿者中，我是年龄最小的学生。

然而，这只是挑战的开始。抵达爱丁堡后，我和其他 8 名中国青年被分配到了 9 个不同的地方。每天醒来，身边没有熟悉的面孔，只能靠自己。在英国，我意识到，我所学的"演讲式英语"与当地人的日常用语格格不入。这里的英语生动、有趣，书本上学的单词已经落伍，根本用不上。

在国外的日子里，我从不敢开口到被迫走出语言舒适区，这种浸泡式的学习经历让我深刻理解到：**"真正的语言学习不是背单词、记语法，而是说出来，这样才有沟通的价值。"**我开始主动与当地人交流，用他们的语言表达自己的想法，逐渐掌握了相对原汁原味的英语表达，我的英语表达水平有了质的飞跃。

每一次的挑战和困难都成了我成长的催化剂，让我变得更加坚强和自信，也促使我开始建立自己的教学理念——我们要学习真实情景的语言。

阶段三：听、说、读、写要都好

我大三回国，大四刚毕业就签约加入了新东方大学部，教授新概念一二册的课程，直到那时，我才关注到语法的重要性。

在新东方任教的日子里，我见证了各种学生的学习方式。有的学生追求全面提高听、说、读、写能力，而有的学生则沉迷于刷题和考试技巧。

我逐渐对那些仅仅为了通过考试而讲考点，海量刷题的“投机式”教学方式和课堂产生了质疑。我坚信，真正的学习不应该是一场走捷径的游戏。

我的课堂与常规课堂不同，我强调语言的实际应用和理解，鼓励学生深入理解而非机械记忆。在我的课堂上，我特别擅长用游戏和互动的方式吸引学生们主动参与，学生们学会了用英语去思考、交流和运用，理解文化差异，而不仅仅是记住英语考点。

我的教学理念不仅帮助他们通过了考试，他们也非常享受我的课堂，他们不再将英语学习看作是一项负担，而是一种探索和发现的乐趣。

阶段四：教英语 14 年，却教不了自己的娃

7 年前，我升级了，我的人生中又多了一个角色——妈妈。有一种爱，叫作放手让孩子飞翔。为了让我的孩子更好地飞翔，我开始给自己的孩子做英语启蒙。身为新东方的“功勋教师”，刚开始给自己的孩子做英文启蒙时也是一头雾水。我问遍了新东方的大部分老师，如何进行幼儿英语启蒙，很多人都没有一个具体方案，甚至有一位同事给自己刚满月的孩子读《新概念英语第四册》，说是要给孩子熏陶语感。

没办法，我只能摸着石头过河。刚开始就给孩子灌输了一些简单的对话，但是，当孩子长到 3 岁时，需要系统学习英语知识了，我也开始幻想着能当一个懒妈妈，把孩子交给英语机构去

辅导。

但当我带着孩子，试听了市面上所有的英文启蒙机构的课程，却发现一节课 45 分钟，老师有 15 分钟是在维持班级秩序，15 分钟做游戏，一节课最多也就学两三个句型和几个单词。但接送孩子却需要花 2 个小时，而这些内容，我其实只需要花十几分钟就能教会孩子。

还有一次，我带 Nemo 去一个外教机构，机构宣传是双师课堂，课堂上一名外教、一名中教，但我发现有些单词中教老师的发音居然是错的，我可真不敢把孩子交给这样的机构。

那一刻，我决定，靠别人不如靠自己，我要在家里自己教 Nemo。

但当我开始着手做的时候，却突然发现，家庭式的语言都是碎片化的，不成系统，也不科学，那如何能够给孩子科学且有体系的英语启蒙，这迫使我不得不自己开始摸索。

我几乎每天都浸泡在各种英语启蒙、语言习得、家庭教育、儿童心理的书籍里，我发现，有些书里面分享的理论竟然是相悖的。尽信书不如无书。我细细梳理了自己多年的教学经验，以及出国留学的亲身体验，加上二语习得理论，我逐渐摸索出一套带 Nemo 学习的方法。

慢慢地，Nemo 越来越敢说。两岁半的时候，他能够说一些英文的长句。三岁半的时候，我带他去参加了希望之星少儿演讲比赛，他获得了市级一等奖，是获一等奖的小朋友里年龄最小的孩子。这个奖项，是对我和孩子这段时间摸索的最大肯定，我相信我的英语启蒙方法是有效的。

什么是“亲子英文启蒙定制”？为什么定制化的亲子英文启蒙教育，才能够真正帮助孩子学会英语？

语言这件事，跟年龄无关，跟语法难度无关，只跟一个人在特定的情境里面，是否知道如何表达有关。

2020 年，我受邀在郑州教育展讲座中分享了我对孩子进行英语启蒙的结果以及我的启蒙理念，没想到，线下有将近 100 位家长围过来，要我带他们一起进行家庭实践。

因为当时条件不成熟，这件事准备了近半年，我才打通了资源、配置、执行这三个层面，全部准备妥当后，我们才开始启动当时的 1.0 系统来帮助孩子们进行英语启蒙。

虽然很多学员家长来找我时都表明自己英语不太好，但经过层层验证，我发现了一个底层逻辑：父母自己会英语，父母会教英语，以及父母会启蒙英语，是完全不同的三件事。

那一刻，我彻底打通了教学培训的最后一道关卡，父母即便是英语不好，只要方法正确，依然可以很好地帮助孩子进行英语启蒙。

家长的角色是家庭启蒙的参与者和配合者，而不是英语老师。

而我要做的就是像教练一样，带出知道如何参与和配合的家长。

我们将三方面的资源——科学的理念、热烈的社群氛围、坚定家长的执行以及优秀的资源进行融合。当我们践行了几个月之后，收到家长们接连不断的喜报：孩子们从不敢说话，到能够完整地讲出一个 500 字的故事，并且开始在比赛中崭露头角。

我始终相信，每个孩子都是独一无二的，他们需要的不是千篇一律的教育模式，而是能够激发他们内在潜力的个性化教学。我的方法强调亲子互动，让学习变成一种家庭的共同活动，而不仅仅是孩子的任务。

在亲子互动的游戏中，孩子们学习的热情被激发了出来，通过故事来理解世界，用英语表达他们的想法和情感。这不仅仅是学习语言，更是在培养他们的自信心，激发他们的创造力。

我希望能够与更多的家庭分享这个方法。我希望能够看到更多的孩子在快乐中成长，在游戏中学习，在爱中获得力量。这是一场教育形式的小型革命，而我希望每一个家庭都能成为这场革命的一部分。

如果有缘读到这里的你，和曾经的我一样，不知道如何对孩子进行英语启蒙，又对孩子的未来焦虑不安，我想请你问问自己：走老路到不了新地方，重复旧的做法，可能得到对的结果吗？是继续用传统的方法学新概念、学教材、逼孩子读英语，还是尝试用新的方法，让孩子快乐地说英语？

如果你不想让孩子输在起跑线上，现在的我，能给你带来哪些认知上的升级和行为上的改变？

越来越“卷”的时代，焦虑成了这个时代的底色

在我的身边，有不少妈妈吐槽：“现在的教育真的太‘卷’了，双减政策后，普通家庭获得优质的教育资源更难了。自己‘卷’吧，我们还没有那么多的时间和精力，‘卷’又‘卷’不赢，‘躺’又‘躺’不平，只能僵住，太难受了。”

随着高考难度的逐年升高，学校提供的基础教育不足以满足考试要求。家长和学生面临着巨大的压力，学习就得从幼儿园抓起，不敢放松。

但家长要么是自身英语水平有限，要么是英语水平不错但是不知道如何系统地教孩子，要么是根本没有时间和精力教孩子。

每个孩子都是独一无二的，成功的教育路径不可能被简单复制。家长在寻找适合自己孩子的教育方法时，面临高昂的试错成本和时间消耗。

许多家长意识到自己过去的学习方式已不适应当前教育的需求，他们渴望为孩子提供更先进、更高效的学习方法。

尽管孩子们可能在阅读和书写方面表现出色，但他们在口语表达上往往缺乏信心和能力。传统的填鸭式教学和统一教材往往忽视了孩子的个性和潜能。

在快速变化的教育环境中，仅依靠传统的、闭塞的教育方法

可能导致方向错误，而家长和孩子们可能并不自知。

在没有适宜的学习环境和明确的学习目标的情况下，孩子们很容易失去学习的动力和兴趣。持续的、有目标的学习计划和鼓励性的学习环境对于保持孩子的学习热情和坚持到底至关重要。

为什么 95% 的父母，在少儿英语启蒙上一直栽跟头

（1）过分依赖外教，学习频率不足

许多家长认为，只要孩子每周上一次外教课就能学好英语，但这是一个误区。英语学习需要持续和系统的练习，仅依靠偶尔的外教课程是不够的。学习语言需要日常的浸泡和实践，而不是偶尔的接触。

（2）单纯依赖大量阅读

虽然阅读是提高英语能力的有效方式，但单纯依赖大量阅读并不能全面提升孩子的英语水平。语言学习是一个多方面的过程，包括听、说、读、写各个方面。仅通过阅读，孩子们可能无法有效地提高听力和口语能力。

（3）完全依赖教育机构

很多家长认为，只要把孩子送到英语教育机构就能让孩子学好英语，这种想法忽视了家庭和日常环境在语言学习中的重要性。有效的语言学习不仅仅是在课堂上，还需要在日常生活中不断实践和应用，家庭的参与和支持是不可或缺的。

英语先启蒙，升学更轻松，跟焦虑说“拜拜”

我见过不下 1000 个陷入“迷茫焦虑”的家长，钱也花了，孩子的启蒙教育也没做好，每次聊天，他们都好像对未来丧失了信心。

我从事英语教学 14 年，踩过了无数的坑，也经历过许多错误的教学方式。但我始终坚持“能开口交流的英语”才是真正的学习，并把它作为我英语启蒙教育的核心方法，从而让上百名孩子取得了好成绩。短短两年时间，近 500 个家庭，800 多名孩子，他们的英语水平都有了显著提高，形成了极佳的口碑传播。

不管父母有没有英语基础，只要坚持我们这套正确的学习方法，都能培养出来一个英语“牛娃”。孩子的英语启蒙好了，对孩子来说，学校的考试就是降维打击。

亲子英语启蒙教育，其实也是一场有关孩子前途的开卷考试，既然总是有人得第一，为什么那个人不能是你？

父母英语启蒙最高效的途径，不外乎三点：（1）学习过来人的经验。向拿到了结果的过来人学习，不断沉淀亲子启蒙教练能力，获取优质的阅读资源，节省自己的时间，花钱买专业人士的时间和经验。（2）聚焦亲子关系，发现孩子的优势。把父母和孩子融洽的关系当作根基来灌溉，在孩子的语言敏感期，抓住时机，适时刺激。（3）在对的学习环境里长期浸泡。语言是一个交流工具，遵从语言的学习规律，给孩子创造学习的环境，培养语感和发音，擅用环境的影响力，养成孩子自主自发学习的习惯。

这三点都能满足的产品，市面上暂时还没有。

作为新东方的“功勋老师”，在从业的14年里，我坚信“师者，所以传道授业解惑也”。

当我把这个方法分享给周围有同样困惑的父母，他们都觉得很受益。

在这里，我要送你一份见面礼，结一段缘分。这份礼物融汇了我14年在英语教育行业的教学经验，以及带领几百组家庭共创亲子英语启蒙的经验，筛选出的教育理念及方法的精华，对于不知道如何引导孩子的朋友们，是一剂良药。看完的朋友都表示很受触动，也很有启发，**只要掌握了正确的理念和方法，英语普通的父母也可以做好家庭英语启蒙。**

我期待帮助1000个家庭，找对学习方法，轻松愉快开启亲子启蒙，助力孩子成就梦想。

设计未来

通往名校之路

永远相信美好的事情即将发生！

牛艳丽

- 2～18 岁升学规划指导师
- 财富传承规划师
- 头部保险经纪公司经纪人

人生至暗时刻，你拿什么救赎自己？

今天看到这个话题："你经历过来自生活的暴击吗？"不禁潸然泪下。

生活给我的第一次暴击是2010年，爸爸离开了这个世界（在我大学刚毕业时，妈妈就去世了），我感觉天塌了。这样的打击让我很多年都没有走出来，几乎抑郁。

生活给我的第二次暴击是2015年，遭遇3车相撞。国道上正常行驶的我们，没想到被小路上突然窜出来的面包车撞上左车头，最糟的是旁边高速行驶的奔驰车也夹击了右车头。坐在副驾的我直接冲出去了，头撞上了右边的车窗。

生活给我的第三次暴击是2016年，哥哥因糖尿病引发双目失明。刚刚给他换过晶体，使他重见光明，没想到一个月后他因肝腹水再次住进ICU病房。

生活给我的第四次暴击是 2019 年，公公在犯过两次心肌梗死后又确诊了膀胱癌。

生活给我的第五次暴击是 2021 年腊月廿八（农历）晚上，我刚刚下班，就接到消息说哥哥不行了！办好哥哥的后事后，我免疫力急速下降，感冒了足足一个月，怎么治也好不了。

好不容易从谷底爬了出来，心想着还有比这更糟的事儿吗？谁知，生活的第六次暴击就来了，2021 年 7 月 20 日洪灾，我在洪水中穿行一个多小时才到达闺密家，像是劫后余生。

曾经的我感慨过生活为什么那么苦啊！91 岁高龄的许倬云老先生在面对小儿麻痹时的态度震撼了我：面对无可改变的苦难，他选择了不败不馁。

混沌大学的创办人李善友教授连线采访他时，他说："我遗憾还有很多的书要看，很多的债要还。"听着他一再说感恩，说祝福大家掌握手上所有能用的机会，充实自己，提升自己时，我泪目了。

再回看生活对我的暴击，才发现，原来还有一些曾被自己忽视的美好。原来生活待我不薄，**所有的苦难都是化了妆的祝福。**

2010 年，生活给我第一次暴击后，它也在年底送给了我做梦也想不到的礼物，就是新公司年会抽奖的特等奖——欧洲六国 12 日游。

2015 年，在接受了生活给我的第二次暴击后，当年 6 月份我就成为部门的单月冠军、上半年冠军，赢得了一张前往福州参加第 12 届中国保险精英圆桌大会的门票。

2016年，在接受了生活的第三次暴击后，我当年获得了保险行业的奥斯卡奖项，世界保险大会铜龙奖，收入、荣誉双丰收。

2019年，在接受了生活的第四次暴击后，我也同时收获了儿子考上重点初中的好消息。最重要的是公公做的手术挺成功，术后效果还不错。

2021年，在接受了生活对我的第五次暴击后，我终于学会坦然面对死亡这个课题。

最重要的是，我用运动和写作把自己从低谷里拯救了出来。锻炼后，我的体重保持在96斤，是我这么多年来体重最轻的一次，我感觉自己身轻如燕，精神状态也前所未有的好。

我不知道这第六次暴击后的好运气是什么，但我相信，我终会再一次迎来好运。

我不气馁，我相信“福祸相依，否极泰来”！有朋友说我很坚强，我想说：**“你无法躲避生活给你的暴击，但你可以改变心态。你可以被击倒，但你永远不能被击垮。”更何况，每次我在最艰难的时刻总是能遇到贵人相助，所以我特别喜欢这句话——永远相信美好的事情即将发生！**

果然，这次的收获也是前所未有的。我在40多岁的高龄迎来了一个可爱的小公主。她的到来也促使我对生命的意义有了新的思考。我那些“出生入死”的英雄之旅，反复考验我“出生”和“死亡”课题，到底想让我收获哪些人生启示呢？

想想我被抱养的身世，光是“弃儿”到“幸运儿”，我足足用了 4 年才从泥潭中爬出来。

我的养父母虽然文化水平不高，但把我养得很好，简直是含在嘴里怕化了，捧在手里怕掉了。对比我对一双儿女的爱，我只怕连我养父母的十分之一都不及。这才是真正的父母之爱啊！

一对夫妇能把没有血缘关系的哥哥和我都用心抚养长大，已经很了不起了。虽然哥哥因为青春期的叛逆，当起了小混混，但我却因此成了乖乖女，成了很多人口中的“别人家的孩子”。同样的父母和教育方式，为什么两个孩子拥有截然不同的成长路径呢？

经过多年的智慧父母学习和心理学的实修，我发现了问题所在。

原来我和哥哥拥有两种不同的心智模式。哥哥一直抱怨没有大富之家的身世和良好的教育，所以开启的是彻头彻尾的“受害者模式”，他把自己一切的不幸福和不快乐都归咎于别人，最终郁郁而终。而我经历了世事无常，把思维模式从“受害者模式”转变为“观察者思维”。也就是每当事情发生时，我会察觉“凡事发生，必有恩典”。只是一念之转，当把念头从“为什么是我”转成“太好了，这件事的发生是告诉我什么”后，一切都大大不同了。

我在穿越痛苦后，开始运营微信公众号，开视频号，写文章，发视频，后来因为一个人带孩子的原因停更了，但我现在准备重启它们。

我发现，疗愈内在最有效的办法就是自己做自己的内在父母，为自己的人生负责任。

而我最感激的就是老天在我经历了前半生的拷打后，给了我一个可爱的小生命。

认识我的人会认为，世道艰难，养活自己尚且不易，何必自找麻烦添个累赘。但我的内心非常笃定，我的孩子是助我来完成没有修好的“出生”课题的。

果然，自从有了她，一切都变得好起来了。我在孕期陪伴儿子成功考取了他理想中的学校，目前已经高二在读。并且，我从孕期开始记录感恩日记，不知不觉已经将近500天了，目光所及皆是美好。

我专门为女儿起英文名lucky，她也确实幸运。

她的出生赶在了哥哥中考和暑假预科班结束，考察青少年职业生涯规划的当天。

我早早找好的医生也没派上用场，她的临时发动，让我体验无痛分娩和导乐分娩的妙处，不仅节省了大把银子，还第一次体验原来生娃也可以这么轻松。

养育她的过程，我感受到疗愈了我的内在小孩，就像重新把自己养育一遍一样。所以我特别认同那句话，“物质层面是大人在养育孩子，能量层面是孩子在养着大人”。

我在养育lucky的时候，也在滋养着自己，积蓄着力量。

当我看到河南内卷的升学现状时，又看到身边很多朋友的孩子静待花开的美好，感慨颇深。

案例1：偏科的孩子，凭借自己从小热爱的太极拳，考进了

211 大学。四年里各科成绩优异，又拿到了爱丁堡大学的录取通知，当时因为某些原因放弃后，再度申请，拿到体育管理专业全球排名第一的大学的录取通知（李宁曾经攻读的专业）。

案例 2：在美国留学的孩子，因为喜爱网络游戏，把专业改为“游戏设计”后，火力全开，他不仅各科绩点大大提升，更是发现游戏设计的应用场景可以运用在多种场景中，如心理疗愈、养老、医疗等。

案例 3、4、5：没考上重点大学的他们，在普通大学入学后就在不同的领域里崭露头角。一个拿到各种竞赛证书，写毛选的文章被教委干部看到都诧异大学生的深度如此之高；一个参加全国英语竞赛获省级一等奖，也是全校第一名，创了历史新高，甚至超过了他们学校的英语专业队，并且还是他们学校第一个入党的高中生；一个因为酷爱设计，他的作品在校内频频获奖，也在学生会拥有一席之地。

我不禁思索：什么才是好的教育？让花成为花，让树成为树，让孩子成为他自己才是最好的教育。

2023 年 5 月，我考取了中国智慧工程研究会教育专业委员会首批认证的升学规划指导师。它让我有底气陪伴儿子做分科选择，有想法根据女儿的天性养育她。

我突然发现人生没有白走的路。在此之前学习的邱静老师的《智慧父母》和罗秋兰老师的《非常青春期导师型父母》及 Kuder 的青少年职业生涯规划等相关课程都起了重要作用。它们帮助我把小学的“普娃”送进了重点高中分校，帮助我陪伴他度过动荡的青春期，帮助我把高一入学因有网瘾、成绩大退步的儿子从泥潭里捞出来，从此儿子戒掉网瘾，发奋图强，成绩成功升到年级100多名。

升学规划指导师的学习和实践也让我有信心陪伴儿子度过高中生涯的后半段，即压力重重的高二爬坡阶段和高三冲刺阶段。

教育是一场双向奔赴的爱，一面热爱，一面被爱，孩子和家长都会双向成长。

我从一名从业9年的保险代理人成功转型为保险经纪人，这个身份与升学规划指导师的角色完美结合，不仅使我能够充分对接不同家庭的个性化升学需求，更能助力他们实现诸如进入“藤校”（确保录取全球前100的名校）和本硕连读的梦想。更为重要的是，我为他们提供了与之匹配的详尽的资金规划方案，确保每一个环节都能得到充分的保障。

展望未来，我的使命是帮助至少10000个家庭实现他们个性化的升学目标。这不仅仅是一个数字，更是我对教育公平和每个家庭未来的执着追求。我深知，每个家庭、每个孩子都有他们独特的才华和梦想，而我能做的，就是用我的专业和经验，助力他们飞翔，帮助他们实现那份独属于自己的辉煌。

设计未来
通往名校之路

漫漫**人生路**，
你可以不成功，
但不能不成长。

刘玲双（阳光雨露）

- “藤校”妈妈
- 教育部认证升学规划指导师
- “慧创新 & 云约读行”主理人

用心规划，用爱经营

2023 年正好是我“北漂”的第 15 年。

从“北漂”妈妈成长为“藤校”妈妈，我经历了时间的洗礼，螺旋上升的蜕变，以及生活用苦难、困境、沧桑包装的厚礼。

这些生命的财富流，是一个热爱生活、内心坦诚、乐意分享的妈妈的心路历程，更是一个教育者内心的呐喊——希望天下的孩子们都能升学成功。

在此，我将陪伴女儿一路披荆斩棘、过关斩将、成功升学的点滴与你分享。**我所走过的，可能你正在走。我所经历的，或者不远的将来正是你要面对的。**

选择大于努力

2008 年注定是不平凡的一年。

也就在这年，我们家庭做了一个重大的抉择——2008 年 7 月 1 日，我带着女儿登上了飞往北京的飞机。

“天下没有不散的宴席”。在曲终人散之际，我看不清未来的路是什么样……只能用对北京美好的憧憬来构建未来和将要发生的故事。

可未曾想到的是，未来我要接受更大的挑战，一堆扑朔迷离的事情在等待着我去安顿、整理、解决、构筑。说实话，这个过程不亚于建造一座高楼大厦。

万事开头难

世界很精彩，我想去看看。我的好奇心和探索欲被放大到了极致。女儿和我一样，也即将成为一系列故事的主角。

当时的我，内心五味杂陈，感到接受的无奈和不接受的无语，也看到女儿用孩童的方式接纳并调适着陌生的一切……

世界用无声的语言为每个前行的路人祈祷，而每个前行的路人，也迈着坚定的步伐虔诚地走向下一个路口。

向前一步，看似容易。做到，着实不易。

刚到北京的生活，真的是一地鸡毛，我被搞得晕头转向，不知所措。当时正逢炎热的夏季，气候的不适，再加上水土不服，搞得我整个人筋疲力尽。我在这里人生地不熟，到哪里都要问路、找路、看地图……

正当我们忙于应付这些生活琐事时，一个更大的挑战悄无声息地来临了。

我和先生带着女儿参加了学校的新生入学考试。一周后，我们再次去了学校。这次我们被请到了教务处办公室。

教导主任和蔼可亲地和我们寒暄了几句后，说："孩子的入学考试成绩出来了。但是她的成绩与我校年级平均分差距太大。所以，我们现在只接受孩子试读，时间是一年。在一年内，如果孩子的期末成绩达到年级平均分，就可以转为正式生；如果一年内，孩子的期末成绩未达到年级平均分，那就只能转学了。这是试读协议，你们可以看一下，如果没什么问题，就可以签字。"

相携成长，共同进步

生活总是不经意间给我们带来异样的惊喜。

所以，当惊喜来临的时候，不同的人有不同的态度。有的人欣于接受，有的人撤退逃避，有的人为之感到喜悦。

女儿入学考试的成绩犹如一个重锤敲打了我和先生。我们一致的观点是：考试的分数不重要，重要的是找到背后的原因，并进行有效的改善。**只有通过恰当的方法查漏补缺，才能让孩子培养和建立良好的学习习惯。**一方面，我们要让孩子去适应校内学习，努力达到年级平均分数；另一方面，我们要激发出她的学习兴趣，观察发现她的天赋优势和特质。只有这样，才能真正地帮助女儿成长。我们达成了共识，并开始行动。

当务之急，是要先找到问题的症结。

语文、数学两门课，女儿成绩差是因为所学教材的版本与北京学校用的不一样。乌鲁木齐用的是人教版的教材，北京小学用的是北京师范大学出版社（简称“北师大”）出版的教材。而北师大版的教材要比人教版的教材难度深。另外，教学内容、课程设置、教学要求的不同，带来了最终结果的不同。

英语成绩差是什么原因呢？北京小学是从一年级开始学习英语，教材使用的是北师大的版本。而乌鲁木齐的小学则是从三年级开始学习英语，一年级和二年级没有开设英语课，且使用的是人教版的教材。英语开课时间的差异，人教版和北师大版教材上的差异，都导致了教学内容有所不同。尤其对英语这种语言学科来说，学过和没学过这个问题暴露得更突出。所以，女儿英语入学考试仅仅考了 26 分。总之，地域不同，所采用的教材版本不一样，开课时间不同，这些都是产生差异的原因。

问题是呈现状态的结果。

孩子所面临的问题，正好通过入学考试的契机展示出来，用无声的语言直白地告诉了我们。也就是从那时候起，试读一年这个紧箍咒，让我们夫妻俩不得不把女儿的教育问题视为头等大事，并进行规划。

首先，充分用好北京各大博物馆的教育资源，只要休息就带女儿去逛博物馆，这样既能满足她的好奇心，又能开阔她的眼界和知识面，女儿更是能量爆棚，积极性和主动性都调动起来，主动到图书馆借书、找资料、研究。这个生动的大课堂，激发了女儿通识教育的学习兴趣，拓宽了孩子的知识面和格局。

其次，考虑新学校、新环境、新教材等孩子能否适应的问题，还要考虑一年期试读生转为正式生的时效问题。为此，我咨询走访了很多培训机构，包括一对一的校外辅导机构。在听取多方建议和意见并考察、甄别后，确定了提高和改善女儿成绩的路径：校内尽快适应，夯实基础；校外查漏补缺，培养拔高。

终于，在我全职的精心陪伴下，女儿从试读生转为了正式生。

时间飞逝，孩子又经历了小升初、中考……

2014 年，我们家庭又做一个重大的决定——女儿决定申请美国的大学，参加美国大学的入学考试。经过两年半的努力，女儿终于如愿拿到了美国大学本科和研究生的录取通知，并申请到了奖学金。

十年磨一剑，我们最终收获了女儿升学成功，家庭美满幸福。

回顾这一路走来，外在成果的显化，实质是提前规划、过程夯实、目标管理以及匹配适合孩子资源的不断迭代的各项综合因素的叠加。

实践经验分享

把学习目标进行分解，按照既定的原则和方针进行有效的时间管理。把时间管理和课程管理有机结合，有计划、有步骤地完成每日、每周、每月的学习目标，并通过边学习边检测的手段，进行学习内容和学习效果的检查，查漏补缺，把易错和做错的题，用“错题本”进行归纳，教会孩子总结、反思、整理、归纳，最终达到融会贯通、灵活运用的学习效果。

学习效果的客观呈现是分数，但不是唯一的评价标准和考量标准。我认为，孩子养成的自主学习习惯和自驱力才价值千金。这种良好的学习习惯充分体现了家庭教育的作用和功夫。把握好家庭教育的两大原则：**一是家庭教育优于学校教育，二是好的亲子关系先于教育。**

再次，要构建家庭秩序、规则，养成良好的家庭生活习惯。**妈妈要充当家庭系统的润滑剂，处理好家庭系统内在的各项关系，用优渥的外在资源丰盈自己的家庭生活，把重要性和归属感给予每个家庭成员。**

规划的前提是评估，包括对家庭、孩子的天赋优势、特质进行科学的评估，只有做到对家庭系统、家庭成员有足够的了解，才能客观分析整个家庭体系和孩子的优势。

基于此，**没有好坏的分别，只有选择路径的不同。选择不同，结果不同，三百六十行，每个人都有自己的用武之地。**

这也是让父母真正成为孩子的助力，而非阻力的重要因素。

生活是美好的，还没发生的美好正在来临的路上。路上有可能一路畅通，有可能出现长时间的堵车，有可能发生相撞、追尾等交通事故，有可能遇到红灯。行路中可能发生的种种情形，就像孩子的成长过程一样，会遇到各种问题、麻烦。

问题是常态，解决问题更是常态。

我们要有高维的智慧思维，做好局外人和躬身入局的局内人的思维和角色切换。

而我作为这项长期工作的目标管理者，在实施对整个“项目”进行管理的过程中，付出了极大的耐心。我查阅了大量的家庭教育、亲子教育、心理学、儿童心理学、脑科学、创新教育、管理学等多方面书籍，边看边学，边思考边实践。

机缘巧合，遇见了王姐和人杰教育。通过学习升学规划课程，提升了我对升学规划多方面的认知。王姐的升学规划是一个从顶层规划的设计体系，能够给到孩子全面的支持。

结合已有的实践经验，及对升学系统全方位的认知、把控，我希望能帮助更多的孩子成功升学。

不教而教才是教育的最高境界。

压力是上苍馈赠的精美厚礼，我用喜悦的心态去面对它、接受它、处理它、放下它。

接受是最好的安排，行动是最有效的结果，坚持是最好的办法。

用心规划，用爱经营，是对这一阶段人生的总结。

而接纳自己的不完美，豁达地去改变、突破、修正，更需要有胸怀、勇气和魄力。

感谢王姐和王姐的团队！我们因美好而相遇，因更好而相携！

最后，感谢我的女儿南羽恬，感谢她来到我的身边，引领我踏上教育这条意义非凡的道路。

漫漫人生路，你可以不成功，但不能不成长。

设计未来
通往名校之路

家长的**眼界**和**格局**，决定了孩子未来的**发展高度**。

张冬雪

- 超低能耗建筑工程师
- 参编实用新型专利 40 余项
- 参编省级标准 2 项

教育，是最好的投资

人生没有白走的路，每一步都算数

我的家乡在被称为“南国灯城”的自贡。因为历史年代的原因，在老家随处可见的水渠、土墙上，都可以看到用白石灰写着的一句话“想致富，先修路”。我们家有两位老党员——我的祖父和外公。他们告诉我，只要路修通了，路修好了，出行就方便了，大家的收入也会有所改善。所以在那时，我就反复地问自己：我能做些什么？高考填写志愿的时候，我经过慎重思考，选择了和交通基建相关的道路与桥梁工程技术专业。

我于2008年毕业，毕业后参建的第一个公路项目是雅西高速。这是连接雅安与西昌两市的高速公路，因为走势一直向上抬升，直至云空中，这条路又被称为“云端上的高速公路”。这条公路全长240千米，总投资约206亿元，于2007年动工，耗时5年竣工。这条高速公路堪称是“世界奇迹”，拥有七项世界之最，第一座最长的全钢管混凝土桁架梁、工程难度最大、科技含量最高、自然环境最恶劣、坡度长度最陡、海平面最高、危险系数最大。2019年，雅西高速获得了第十七届土木工程詹天佑奖，该奖项是我国同类工程中的最高水平，是土木工程设立的最大奖项。这个奖项自设立之初，便一直遵循“数量少、质量高、程序规范”的评选原则，经过层层近乎严苛的评审程序，每年评选的获奖工程只有30项左右。

在2008年5月份的时候，因为长时间作息不规律，我的甲状腺出现了问题，需要每个月定时从汉源到成都的医院去复查。在坚持了两年后，因为母亲的一次手术，让我第一次冷静下来审视工程行业，以及野外作业的特殊性。为人子女，当家人需要自己的时候不能陪在家人的身边，那多让人痛心。经过多番考虑，我选择了回到成都发展，并在2010年4月进入了市政行业。

在进入市政行业以后，我发现所使用的技术标准和资料模式都和公路行业不一样。俗话说，在一行，钻一行。这个时候我能做什么呢？唯有看书学习。我花费了大量时间学习与安全员和质检员相关的知识，看施工组织设计方案，向其他同事请教。我先后参与了40多个不同的建设项目，其中10个项目获得省市级建设工程质量奖项表彰，2个项目获得国家级3A安全文明标准化诚信工地表彰，17个项目获得省市级安全文明施工标准化工地表彰。

我本来以为自己应该会一直从事市政行业，但天不遂人愿，在2017年的时候，我的身体健康又一次亮了红灯。经过几天忐忑不安的检查后，确诊为系统性红斑狼疮，俗称“不死的癌症”，万幸的是出来的检验结果显示病情可控。我花了两年多的时间在华西医院进行治疗。因为去了太多次的医院，见到了很多患者，也让我放慢了工作脚步，停下来静静思考，是否还要在建筑行业继续下去？是否还要坚持在施工一线？是否要进行一次换岗？自己所学习的专业知识是否要轻易放弃？

2019年，医生说我的病情已经相对稳定，可以考虑上班了。在重返工作岗位以后，经过公司项目内部调整，我从市政行业转入了建筑行业，也顺利地从施工一线管理岗位换到了技术岗位，负责公司的科研课题及专利申报、高企申报等，累计完成了40余项专利技术申报并取证，协助公司在2020年顺利取得了高新技术企业证书。

学习，是唯一可以对抗命运的武器

毕业以后，我先后做了40多个项目，横跨了3个行业领域，从公路行业到市政行业再到建筑行业，岗位从试验、安全、质检、技术调整到科研、人力资源等，均取得了不错的成绩。在回顾过去15年的工作过程中，我之所以能够快速适应不同岗位间的转换，

最重要的就是保持乐观的态度和持续有效的学习。

乐观的态度比什么都重要。我们到新部门、新岗位工作，本能的反应就是回避、抗拒。因为，这是一个陌生的领域，面对的是陌生的人和陌生的专业知识，这会让我们感到恐惧，打心底里就不愿意去接受它，只愿意待在舒适的圈子里。更何况，有人的地方就有江湖。不同的部门有不同的人，我们需要重新去建立同事关系，需要重新去学习相关的专业知识，有的时候甚至需要自己去摸索。

我每次到了新岗位，都会对自己说，有焦虑感是正常的，坦然面对就好。换一个角度来看，到一个新的岗位，对我们来说是新的机会、新的起点，在不同的岗位依然可以为公司创造价值，时间慢点没关系，只要我们在继续做事。而且与不同的人打交道本身就是自我的一个课题，从中我们可以学到如何与人相处、共事。人与人之间没有竞争是不可能的，我们要做到在竞争中谋合作，在竞争中共发展。在部门中，不妄自尊大，看轻他人，这样就容易与人相处，也能减少不必要的矛盾，自然也就容易得到快乐。

每当坚持不下去的时候，我就会对自己说，再试一试；每当想要放弃的时候，我就会对自己说，再熬一熬。永远保持一个乐观的态度，在工作过程中让自己战斗力满满。

持续有效的学习，努力去获取新知识，让我们了解世界，了解社会，这本身就是一件幸福快乐的事情。我认为，学习是一件长期的事情。正如庄子所说："吾生也有涯，而知也无涯。"

我们公司每一次进入新的领域或者进行人员调动的时候，不会只安排一个人。这就如同跑马拉松比赛一样，每 5 千米有一个路程标识牌，每过一个 5 千米就有人主动退场，最后的赢家，不是一开始就跑得很快的人，而是为数不多坚持跑下来的人。

对于我来说，每一次换岗后取得的成绩，都和持续学习息息相关。无论是自己本专业的知识，还是跨专业的知识，坚持学习，独立学习，尤为重要。我之所以能取得这样的成绩，是因为我在做好本职工作的同时，利用业余时间，学习人力资源方面相关的知识，助力我快速地从科创中心负责人转变为综合管理部负责人。

与此同时，考证也是我每年要做的事情。它是检验我们学习力的一个手段。如果考试能够顺利通过，成功拿到证书，那就是锦上添花；如果考试没有通过，对于我们来说，也学到了一些有用的知识。特别是从事工程行业，要学习和更新的内容太多。每年的考证和继续教育学习，都会给我很多不同的行业新信息和新视角，而持续学习对我进入新领域也是一大助力。

一个人的眼界和格局，决定了他未来的高度

教育规划领域，对我来说是一个全新的领域。但因为我本身喜欢接触新事物，在听了老师介绍教育规划的内容后，就联想到

生活中的一些实际情况。比如，我们日常生活当中的车险，工作人员一般都会根据车主的需求，给出不同的配置选择，选择的类别不一样，支付的费用不一样，最后的结果也不一样。

而对于家长们来说，他们聚在一起讨论更多的是谁家的孩子报了什么兴趣班，拿了什么奖，参加了什么研学活动，然后就给孩子报各种兴趣班及活动，恨不得能让自家孩子直线起飞。

在孩子在进入学校以后，他们拥有了相同的起点，但有些家长就能把孩子的未来路径规划得明明白白，有些家长对孩子未来的规划没有清晰的概念，像开盲盒一样，焦虑且无奈。

我认为，教育是最好的投资，且是一项长线投资。教育规划做得好，就能为孩子将来的发展打下坚实的基础。就像工作需要有计划表，会议有日程安排表，孩子上课有课程表一样，孩子的教育也应该有一定的规划，比如什么时间该做什么、为什么要这么做、具体该怎么做。家长们要用以终为始的思维方式，去培养孩子的思维能力、创造力、解决问题的能力。

有的家长会说，读书看个人造化，能读就读，不能读就出去上班。但现在找工作，学历是块敲门砖。若是没有相应的学历，找工作就会受挫。其实，教育的本质就是筛选，筛选优秀的人，筛选优秀的圈层，并不仅仅是看个人的造化。

最后，我希望自己能够通过学习教育规划所掌握的内容，去帮助不同的家庭，助力他们解决教育问题。我希望能够运用科学的工具，根据每个孩子的特点和家庭情况，从各个维度，全方位地进行针对性规划，提出科学的、可落地的建议，制定切实可行的计划。**归根结底，孩子们之间的竞争，其实是各个家庭之间的竞争。而家长的眼界和格局，决定了孩子未来的发展高度。**所以，家长们要在充分考虑孩子的个性发展和意愿后，提前给孩子做好清晰的未来规划，为孩子的成长保驾护航。

设计未来
通往名校之路

兴趣是孩子们未来发展的**基石**，也是他们**内驱力**的**动力来源**。

龙奕君（龙秀敏）

- 佳奕聪全脑教育创始人
- 金牌幸福妈妈锻造达人
- 新学霸家庭情商教练

家庭教育中爱的真谛

谈到爱孩子，很多父母都会觉得自己是很爱孩子的，为了让孩子有好的人生，给孩子报了很多课程，想着至少让其赢在起跑线上；为了让孩子多学到一些本领，父母宁可牺牲自己休息的时间，也要陪孩子学很多技能；为了让孩子养成好的习惯，父母不断地提醒、指责、修正他的行为。也许父母的初心是好的，但在整个教养过程中，反而让孩子感受到了一种无形的压力。孩子们会觉得：父母是为了我好，但我为什么快乐不起来？父母这么为我着想，我怎么能对父母心生不满？可随着孩子们的压力剧增，各种问题也就随之而来。那这到底是哪里出问题了？我想以我的成长经历和 15 年创业办学的感悟来与大家一同探讨，在家庭当中何为爱的真谛，希望可以给在迷途中的家长们带来点点光芒。

疗愈童年，探索真爱

童年，父母给我提供了衣食无忧的生活，让我快乐地长大，我十分感激。长大后，我却发现父母把对自己人生的不满，未实现的抱负悄无声息地转嫁在我的身上。那些循循善诱却又充满责备的话语时刻萦绕在我的耳边，不断地批评、指责和唠叨让我渐渐变得自卑和敏感。清晰地记得有一次，我看见妈妈在远处帮我把洗好的衣服叠好后，开始慢慢地向我走来，我的内心涌动着无限的感激之情，当我还在犹豫着怎么向妈妈表达内心的感谢时，妈妈已走到我身边，她把衣服重重地往床上一放，大声地对我说："你真是懒得要死，什么都不干。"我满心的感谢瞬间消失，充斥于我内心的是深深的无力与浓浓的自责情绪，甚至还回想起了妈妈曾经的抱怨声："我怎么就生了你？"这也让我常常陷入莫名的愤怒与不知所措中。

妈妈的教养方式让我不能理解，我常常会思索，到底什么样的父母和老师会被孩子欣然接受与喜爱？也是在那时，我暗暗发誓：长大后一定要成为一个懂心理的老师，帮助更多孩子打开心扉，让他们不再被父母错误的教育方式所影响。

于是我开始刻苦学习，并以全省第二的成绩考上省师范院校，一跃成为家族的骄傲。毕业后，我成了专业院校的声乐教师，当我在课上与学生谈心时发现，他们说自己一直都被动地接受安排，不热爱学习，我想鼓励他们不断学习，改变自己命运，却发现这个想法渺小且无力。于是我决定改变自己，夜以继日地边工作边拼命学习，最后欣喜地考入首都师范大学攻读教育硕士。我以为我改变了自己，外人羡慕，我也因此自豪。但每当学习或生活中遇到不完美的事或者比我优秀的人时，妈妈的否定声就会自动化出现。

“我优秀吗？”答案是“不”。

为什么会有这样的现象？为了探索心中的各种不解，我带着激情与压力，矛盾与好奇一路探索真爱之核心，直到我以自我及学生为研究目标进行不断求学、剖析与反思后，终于找到了想要的答案。

遇见使命，诠释真爱

也许是冥冥之中的安排，长大后的我决定要让青少年们都能够快乐成长，不再经历我年少时候的痛楚，所以，我由探索自己生命成长的轨迹转向为他人提供更清晰明朗的未来规划，助力家长们早日觉醒，助力孩子们早日成才。我系统地学习了脑科学的相关内容，从2008年开始创办青少年潜能开发培训机构，加盟了全脑课程、专注力课程、情商课程，同时为了提升孩子们的素质，帮助他们升级教育的认知维度，打通教育的底层逻辑，我又学习了NLP、萨提亚、催眠、国际教练、绘画心理、身心灵成长等系列课程。在给孩子和家长提供帮助的过程中，我看到了他们眼睛里不曾有过的欣慰，看到母女释怀之后的相拥，看到父子放下执念，重归于好的片段，我深深地感受到我这段人生经历的真正价值。

在此，我把教育的核心总结为以下三点。

1. 整体布局，做好定位

父母爱孩子就要为孩子做整体的人生规划，因材施教，而非人云亦云。父母要做好战略定位，全面培养孩子的综合素质，把孩子培养成独立、自信、自由、自主、自在的有生命力的主体。**让孩子永远相信自己，活出自信；敢于为自己的人生做自由的选择；敢于为自己的生命负责任，做到自主；真诚勇敢，敢说真话，活出自在的人生。**父母要根据孩子的天性，采用正确的心态和教养方法，说正向的话，给孩子创造更多的机会。最后加上孩子自己的努力，让孩子在父母有知有觉的环境下，不知不觉地成为国家的栋梁之材。

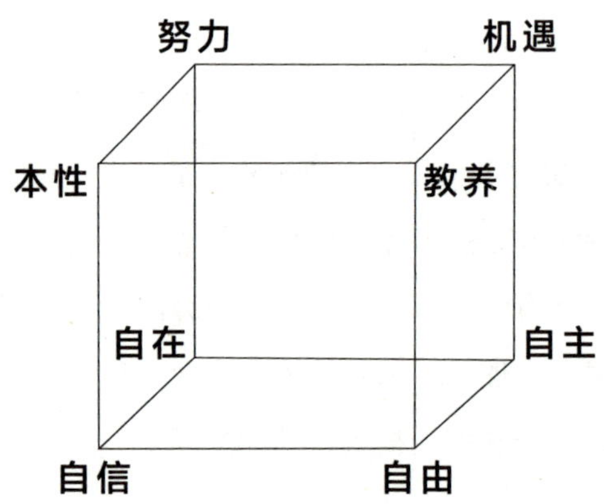

2. 父母终身成长，清晰路径

我认为父母有三重身份。**一是孩子的指南针（精神引导者），为孩子指明方向。**父母要以身作则，引导孩子树立正确的价值观和人生观。如果我们只关注孩子的成绩与分数，却忽略孩子人格的塑造，只关注孩子外在的表现，忽略孩子内心真正的需求，那孩子就可能会在人群中迷失自我，或者在生活中活成“空心人”，所以父母要给予孩子们精神上的指引。

二是一面镜子（生命的教练），我们的一言一行及对待人生的态度和价值观，都会深深地影响孩子的成长和发展。孩子身上的优点、缺点都是我们自己的投射，我们个人的喜好成了孩子行动与决策的标准。所以，我们需要通过修正自己的行为，让孩子从我们身上学会理解与包容，学会善待自己尊重他人。若我们以开放的心态去接纳他人的观点，勇敢地表达自己的想法和感受，那么我们的孩子可能就会与我们有同样的表现。

三是水龙头（生活的顾问家），我们可以提供给孩子必要的指导和建议，但前提是，孩子自己觉得需要，那时他会自动打开水龙头，寻求支持。在孩子没有需求时，我们要少建议、多聆听、多学习，保持像水龙头一样。我们要做常换常新的自来水，做孩子生活的顾问家。

在孩子成长的道路上，我们会扮演多重角色，既是他们的指导者，也是他们的教练和支持者。我们要清晰路径，支持孩子有能力、有能量去挥舞自己生命的宝剑，去披荆斩棘，奋勇向前。

未来，他们在前进中蓦然回首时，看到的是充满安全感的、泛着淡黄色暖光的爱心港湾；在他们休息时，想到的是家中慈祥的父母给自己的无形力量；在他们凯旋时，能够放下心中的疲惫，拉着妈妈的手走进儿时的梦乡。你有没有觉得很美好？

那这一切又如何实现呢？

首先，作为父母，我们需要培养自己与孩子的情绪管理能力。孩子的情绪经常波动，有时候会因为一些小事情而生气、焦虑、失落。在这种情况下，我们可以陪伴孩子接纳自己的情绪。当孩子感到生气时，我们可以教他们进行深呼吸或者数数，帮助他们冷静下来。我们还可以与孩子一起进行冥想或者调整信念等，来缓解孩子的压力和焦虑。重要的是，我们自己保持情绪稳定，接纳常犯错的孩子，就是对他生命最大的保护。

其次，我们需要尊重并培养孩子的兴趣。**兴趣是孩子们未来发展的基石，也是他们内驱力的动力来源。**有些孩子擅长数学和科学，有些孩子则擅长音乐和体育。当孩子对某个领域感兴趣时，他们会更加努力地学习和探索，并且更容易取得成功。因此，我们要鼓励他们尝试不同的活动和课程，也可测评基因来了解八大智能，以精准发现他们的潜在兴趣。我们还可以与孩子一起参加社区活动或者志愿服务活动，来帮助他们发掘自己的爱好和才能，这对其人生是很重要的。因为人在热爱里就会感觉自己没有一天是在工作。

再次，当孩子的情绪被接纳时，我们就可以明显地看到他的每次进步，当他对某个领域感兴趣时，我们让他在热爱的事情中训练其意志力，靠点滴成就感培养其坚持的特质，让他能够不断挑战突破自己生命的障碍，靠实力赢得未来的机会。

最后，作为不断成长中的父母，要帮助与鼓励孩子找寻生命的意义。**人一旦有了梦想和目标，人生便无怨无悔，变得崇高而伟大。**

3. 活出自己，托举孩子

讲到这里，相信你已经发现家庭教育爱之真谛不是说教而是影响。当父母不轻易被情绪困扰，能够接纳真实的自我，能够清晰地表达自己的需求，不将期望强加于孩子身上，并且承认差异、包容差异、尊重差异时，便会给孩子一个宽广的空间，就可以托举出有情、有爱、有边界、有趣、有料、有梦想、会笑、会玩、会思考的精英少年，这样的孩子在我们的全脑营、情商营以及金牌父母修炼营所见甚多。

心向光明，升华真爱

每个孩子都是独一无二的个体，有着他们独特的个性和才华。在过去的 15 年当中，我们全体老师不断透过关爱与欣赏去充分发展孩子们的特质，让他们在成长过程中呈现出自信、自主、有活力、自由、自在、有魅力的精神状态。同时，我们也不断地开设金牌父母课程，努力唤醒家长，让他们知道情绪的重要性。

一个人，如果在潜意识里认为自己不够好，不值得拥有，那么在生活中就会用各种方式逃避或者是抗拒。我们见证了太多的孩子以及成年人错失机会，还冠冕堂皇、振振有词。

我们一直在说要关注孩子的心理需求，关注孩子的情绪，有些父母会觉得，那我的情绪谁来关注？所以，父母的成长变成了重要的课题。父母需要自我接纳，自我允许。成人无委屈，小孩无感恩。其实很多父母，他们所受的委屈都源于童年的时候没有被看见，所以，父母自我的疗愈就显得尤为重要。当父母看到了自己的童年对自己的人生有着巨大的影响时，就深刻地领悟了“幸运的童年治愈一生，不幸的童年用一生来治愈”的道理。

随着时代的发展，国家也开始重视家庭教育。从 2021 年开始，有越来越多的人关注到孩子身心成长方面的重要性，我觉得这是一件很大的利好消息。

我认为，我们每个人未来不仅要让自己成长，还要关注孩子的身心健康，把他们培养成人，而且最好是能把他们培养成具有新时代特色的新学霸人才。因为这样的孩子的底层是自信、自由、自主、自在的！这些孩子是在父母建造的良好的空间范围内成长的，他们在父母的鼓励下，在未来 AI 智能的时代，将会成为新的“四有”人才。

1. 有自己的梦想，有阶段性的目标

有些人的梦想，只是为了向别人证明自己的优秀。**但真正的梦想，不是活在父母或者老师的期许中，而是找到生命的本真，是真正地知晓我是谁之后才会拥有的力量。**只有与孩子进行深度沟通，化解障碍，才能助力孩子找到自己真正的人生目标。

2. 有内驱力，拥有超凡的行动力

自己的学习自己操心，想到就去做，用 20 秒行动法，可以助力孩子成为一个高效能人士。但孩子知道这么多道理却做不到，是因为他们的身体有一些负面记忆。所以，我们可以使用敲打法、哭泣法、想象法等来帮助孩子跨越障碍，让他们想到就能去做。只有掌握正确的学习方法，提升孩子的专注力、记忆力，才能让学习变得更简单轻松。

3. 有趣幽默，热爱生活

既不是工作狂，也不是依赖者，爱读书，爱运动，可以跟上时代的节奏。**放下期待，降低要求，享受当下，允许创造。这样会让生活变得简单有趣。**

4. 有利他之心

未来时代的人际交往，需要孩子有稳健发展的核心资源，有利他之心，能够与人合作共赢。

最后，我想说，家庭教育爱之真谛是在把握孩子成人的基础上，助力孩子成才。

作为父母，我们的责任不仅仅是抚养孩子，更要成为他们的引路人和支持者。为了更好地支持孩子，我们需要不断地成长，让自己的生命活出本来纯粹的样子。只有这样，我们才能更好地理解孩子的需求，才能更好地与他们沟通交流，才能成为孩子成长路上的坚实后盾。当然，我们也需要不断地反思自己的行为和态度，不断地学习和探索，不断地挑战自己，让自己变得更加成熟和自信。只有我们修炼好了自身，才能更好地为孩子打造一片广阔的空间，让他释怀地笑，纵情恣意地笑，活出自信，绽放生命纯粹的光芒。

教育的极致是行为影响。

设计未来

通往名校之路

杨雪（雪梨）

- 首批升学规划指导师
- 心理咨询师
- 家庭教育指导师
- 12 年教育咨询经验，累计服务超 5000 个家庭

愿每个孩子都能拥有自己的珍珠项链

做咨询最幸福的两个时刻：获得认可，获得推荐

“雪梨老师，孩子周一上学没有那么厌学了。”

“最近根据您的方案落实，很有针对性，也很有效果。孩子情绪稳定了，也能正常学习了。”

“雪梨老师，真的很感谢您。不瞒您说，我前后还找过两个心理医生，对比下来，还是您的方式适合孩子，我就是按照您说的做，没想到孩子的转变这么快。”

这是我做升学规划后，接到的第一个咨询案，以上的内容，是在第五次咨询时孩子的妈妈反馈给我的。出于对孩子隐私的保护，在征求孩子妈妈的同意后，我把情况简单描述一下。

孩子上一年级，遭受了来自老师、同学还有家人的语言和肢

体暴力，不想去上学。孩子的妈妈刚生了二宝，所以让孩子极度缺乏安全感，干什么都要妈妈陪着，不信任其他任何人。多次说想跳楼自杀，觉得没有人爱他……

这样的情况在心理咨询中算是比较难的一类。尽管我在教育行业深耕了 12 年，做过 K12、早教、家庭教育和心理咨询，累计为上万个 0～18 岁的孩子做过测评分析，长期服务过 5000 组家庭，但心理咨询是我近两年才开始做的，经验不算丰富。我也曾犹豫过要不要接这个案子，当我听到孩子的妈妈急切的声音，我能感受到她的焦急和期盼，于是我做了决定。

我把自己过往的经验讲给她听，告诉她我擅长什么，不擅长什么，也告诉她心理咨询师和心理医生的区别，以及在什么情况下，我会建议她去找心理医生，或转给其他经验更丰富的心理老师。

我用生命数字的理念，帮她了解孩子的天赋特质，用正面管教的方法教她如何鼓励孩子。我告诉她自己正在进修升学规划师，我会根据这套体系的理念，帮助孩子提升能量，希望得到她的配合。

也许正是我的这份真诚打动了她，让她更加信任我。在她看到孩子的转变后，坚定地找我续了 10 次的陪伴卡，并且给我介绍了另外一位妈妈。

她的认可给了我很大的鼓舞和信心，让我感到自己在做的事很有意义，也让我看到自己选择的这套升学体系非常有价值。

从贝壳到珍珠项链，每一步都是冥冥之中注定好的安排

有朋友问我："你在之前的领域做得也很好，积累了那么丰富的经验，为什么要转行做升学规划呢？"

我对她说："我这是转行不转业，做升学规划后，我之前所有的工作经验全部都可以用上，并没有浪费。"

如果把我过往每一段从业经历都比作一个个贝壳的话，那么我现在从事的 2～18 岁的升学规划，就是把这些贝壳里的珍珠一个个取出来，用一条线串成美丽的珍珠项链。

做 K12 教育的时候，我的工作主要是帮助孩子提升文化课成绩。我发现很多孩子的学习问题，都和 0～6 岁的经历有关。于是我转行做了早教，试图帮助更多家庭重视孩子 6 岁之前的敏感期和感统发育。

一段时间后，我发现无论是 K12 教育还是早教，父母都很舍得给孩子花钱上课，希望孩子改变，却很少愿意花时间去提升自己。

父母是孩子的第一任老师，家庭氛围和养育方式，才是孩子成长最重要的土壤。于是我又开始转型做家庭教育和心理咨询，一方面希望帮助更多的家庭，另一方面也希望能够为自己做妈妈打好坚实的基础。

所以，在遇到王姐的这套升学体系时，我突然眼前一亮。

针对 2～18 岁的孩子做升学规划，提倡能量 × 能力 × 规划 ^{2}，

并非只重视学科提分，而是会更多关注家庭养育模式、亲子关系和孩子的心理状态，激发孩子的内驱力……这些理念和工具，不正是我过往 12 年中每段从业经历的集合吗？

几乎没有任何犹豫，我果断报名了第 7 期升学规划师认证班。随着系统地学习课程，在和王姐、钻石老师以及他们团队里的其他老师接触后，我愈发确定了自己的选择是对的。

做自己热爱并擅长的事情，幸甚至哉

我近三年的转型之路并不容易，除了学习大量的专业知识，考取相关证书外，我还学了很多商业认知和个人品牌的课程。这期间，也遇到过不少赏识我的老师和朋友，他们给我推荐过很多其他职业路径，我都拒绝了。

很多朋友问过我："为什么你不管做什么，都一定要和教育有关？这几年培训行业下行，很多机构都关门了，你不考虑换个赛道吗？"

我思考了很久才找到了答案：因为成为灵魂工程师的梦想从小就扎根在我心中。我小学的第一篇演讲稿《我的梦想》，以及高考所有志愿的填报，都和成为教师有关。

在我成长的过程中，我遇到过很多对我影响很大的老师，这颗梦想的种子，就是她们用爱种下的。

我的学前时期是在乡下疯玩度过的，几乎没有提前学知识。升入一年级的时候，我的数学成绩和语文成绩都只有 50 分。可我的老师并没有放弃我，她利用课外时间单独给我补课。因此，才让我没有因为基础薄弱而失去学习的兴趣。

7 岁那年的冬天，我因为课间打雪仗双手冻僵无法书写，那节课是限时作文，我急得快哭了，可老师没有批评我，而是把双手搓热为我取暖，那个画面深深刻在了我的脑海中。

13 岁时，一个女同学吃了大量安眠药，在我怀里差点死掉，我只有不让她睡着才能救她……我想起老师的嘱托，让我把她安全送到家。努力镇定下来后，我想尽一切办法救了她。我没有因此留下心理阴影，反而对生命多了一份敬畏和珍惜。

长大后我就成了你，是承诺，更是沉甸甸的责任

在所有老师中，对我影响最大的，是我初中的班主任——武老师。

初二那一年，我所在的班级被拆分，我来到新的班级，继续担任班长。和我一样初来乍到的，还有我们的新班主任——武老师。我们两个“新人”就这样开始了搭班。

一开始，同学们都不买我们的账，甚至有人发起联名信，要换班主任，对我这个新班长也是时刻防备着，总觉得我会向老师

打小报告。

记得有一次我问武老师："要怎么样才能让同学们喜欢我、接受我呢？"

武老师说："你要先喜欢自己，相信自己，并且坚持做你认为对的事情，时间久了，大家自然能感受到你的真诚。"

这句话我一直记在心里。我们班的平均成绩在年级里一直是倒数，有传言说下一个被拆的班级就是我们了。我告诉自己：我要成为大家的榜样，让大家看到希望，重拾信心。

武老师说："我们先从体育和卫生抓起。"她在我们班的墙上挂了一条横幅，上面写着：不怕别人瞧不起，就怕自己不争气！

于是，我们每天带着大家认真做值日，从窗台的花盆摆放，到桌椅的整齐度，到课桌上书本的数量，都按照标准保持着最佳状态。

功夫不负有心人，在校领导突击检查各班级卫生情况的时候，我们班级的整洁和明净，给校长留下了深刻的印象。我们班第一次在大会上被点名表扬了，同学们都很开心。

除此之外，所有的体育比赛，我们班都积极参加。那一年的大绳比赛，我们班 46 个人全员参与，无一人缺席。从小体育就是我的弱项，但那一次我比所有人都刻苦练习，就是想告诉大家：我们是一个集体，一个都不能少！

最后我们班以 5 分钟连续跳 716 个跳绳的成绩获得第一名，让所有人刮目相看。比赛结束后，大家喜极而泣，抱在一起欢呼，班级的凝聚力从此越来越强。

卫生情况和体育成绩上的突破，不仅让大家越来越信任我，信任武老师，也让大家把这种突破的希望，转移到了文化课的学习上。经过不断的努力，我们班很多科目的平均成绩，都从倒数第一，逆袭到年级前三。

我特别感恩自己初中三年做班长的经历，可以说自己从事教育工作的很多价值观和方法论，都是武老师教会我的。

中考结束，我在留给武老师的同学录上，认认真真写下了一行大字：长大后，我就成了你！

工作后，我第一时间给武老师发去信息："老师，我完成了对您的承诺。我要像您一样，认真做教育，做灵魂的工程师。"

母亲教会我慈悲，父亲教会我坚强

除了我的老师，父亲母亲给予我的，也是非常宝贵的精神财富。

8 岁时，因为父母离异，我跟随母亲改嫁，因此和我的继父、哥哥组建了新的家庭。

我的母亲是那种非常朴实的劳动妇女，在我的印象中，她总是和颜悦色，对家人、朋友、邻居都很热心，总是无条件地帮助别人。

继父也是善良、孝顺、勤劳的好人。他和母亲一起照顾失明的姑姑和没有血缘关系且瘫痪的表哥40多年，到后来姑姑每天大小便失禁，需要不断清洗，他们也毫无怨言。

中考前，继父因农忙不慎将手卷入机器中，导致右手截肢，但他为了供我读书，单手劳作，比常人更勤勉，后被县里评为“劳动模范”，我们家也多次获得“五好家庭”的称号，被地方电视台报道。

这些变故让我懂得了感恩。**父母虽然没有给我太多物质上的富足，但他们教会我慈悲和坚强，也让我在从事教育工作后，更加明白，家庭教育环境对孩子的影响有多大。**

以生命影响生命，用爱滋养心灵

教育的极致是行为影响，无论是我的老师，还是我的父母，他们的一言一行都深深影响着我。

我给自己定下了从业准则和使命宣言，前三条是：

真诚：只承诺自己可以做到的。

接纳：一切都是好的，都是值得感恩的。

全力以赴：助人的初心比专业知识更重要，以生命影响生命。

这三年来，我养成了日更文章的习惯，累计写了近百万字。出书一直是我的梦想，也是最近一年提上日程的重要目标。我认为，**每个人都值得拥有一本自己的书，作为纪念我们生命的篇章**。

而和 30 多位优秀的老师一起出书，也是我的机缘和荣幸。希望我们可以把更多的爱和更好的教育理念传递给更多的家庭。

王姐说：“升学规划师的终极使命是：让天下没有困难的升学。”希望我可以发挥所长，帮助更多孩子发现自己的天赋优势，找到适合自己的升学路径，做热爱的事情，拥有属于自己的珍珠项链。

设计未来
通往名校之路

只有心中有了**明确的规划**，在孩子的教育过程中，才能做到**不跟风、不盲从和不焦虑**。

Sophie（菲妈）

- 非京籍升学规划师
- 儿童心智（KASEL）成长指导师
- 资深留学规划师

非京籍升学：条条大路通罗马

心中有规划，才会有出路。

——致自己，也致每一位非京籍父母

“菲妈，我们家一致决定放弃去天津买房和转学了。我们觉得 Plan B 更适合我们家现在的情况，继续在北京读初中，然后……”我坐在桌前正打算开始写书稿，就收到了这位非京籍妈妈的信息。

“非京籍”这个词汇，对于每个北漂的人来说，都不陌生。非京籍，顾名思义就是没有北京户籍，也就是没有北京户口。根据北京市统计局资料显示，截止到 2022 年年末，非京籍人口在常住人口中占比 38%，达到了 821 万人。同样生活在北京这个城市，这 821 万人和有北京户籍的人相比，在生活中会有什么区别吗？

如果你问一位毕业不久且有稳定工作的年轻人，得到的答案是，没有太大差异。我们只要在北京缴纳了社保，一样有资格在这里买房、贷款，同样也可以享受北京的医疗资源。但是，如果同样的问题你再问一位中年父母，我想这个问题一出来，你就会从他们的脸上看到答案。非京籍和京籍绝对是有差异的，而且在一些升学机会前是会被区别对待的。从我上面提到的人群画像，大家也不难猜到“非京籍”三个字难倒的是一批中年父母。是的，非京籍这个身份对于升学家长来说，最大的痛就是在子女教育和高考制度上。

十几年前，和所有刚毕业的大学生一样，我怀揣着一腔梦想与热情来到了北京这座城市打拼。因为年轻无畏，在投简历的时候，从来没有把提供京户指标这个作为必要条件，因此也错失了最好的落户北京的机会。当时，我根本没有没意识到户籍在未来的重要性以及对于我们整个家庭的影响，因为我看到周围很多朋友、同事，他们也是非京籍，但他们的孩子都在这里上学。但是，在我女儿二三岁时，我在深入了解了北京的升学信息后，突然间感到恐慌和无措。因为我的孩子在升学面前，竟被划分成了一类人：非京籍。虽然在义务教育阶段，北京市各中小学接收非京籍儿童入读，但是等到中考这个分水岭，却是只允许一定范围内的非京籍学生报名入读公立高中。这些学生通常被称为“九类人”[①]。只有满足相应的身份条件，学生才可以通过参加中考和志愿填报的方式来申请入读北京的公立高中和私立高中。拥有北京高中学籍的非京籍“九类人”虽然可以在北京参加高考，但他们也只能报考高职高专类院校，不能报考本科院校。我们做父母的，应该都是不能接受孩子一直在北京接受教育，但高考却不能报考本科，而选择一所高职高专就读。更不用说，在 2016 年和 2017 年这样的生育高峰年里，非京籍儿童一般都是在学校招生简章里的最后一类人，在全市优质小学、初中报名招生中，非京籍这个身份成了孩子升学路上的第一道坎。

很“幸运”的是，我的女儿正好就是 2017 年出生的。在焦虑与不安中，我不得不开始直面非京籍升学这个话题。我开始到处

① 非京籍九类人是指：由人力社保部门认定的属“原北京下乡知青子女”的考生；由区台办认定的属“台胞子女”的考生；有博士后管委会办公室开具介绍信和“博士后研究人员进站批准函”（有效期至 2019 年 12 月 31 日）人员子女证明的考生；由人民解放军相关政治部门认定的属“随军子女”的考生；有市人力社保部门签发的“北京市工作居住证”（有效期至 2019 年 12 月 31 日）人员子女的考生；父（或母）一方有本市常住户籍的考生；由中建二局第一建筑工程有限公司认定的属“中建二局第一建筑工程有限公司职工子女”中的非农业户籍考生；由首钢矿业公司认定的属“职工子女”中河北省户籍的考生，可以报名并报考从石景山区招生的普通高中和首钢高级技工学校；由中国化学工程第六建设公司北京分公司认定的属“化六建北京分公司子女”中的非本市户籍的考生，可以报名并报考通州区普通高中及其他规定可报考的学校。

搜索与非京籍教育升学相关的信息，同时也在计算我们家庭的积分以及积分落户的可能性。

2023 年，北京积分落户[①]的实际情况是超过 10 万人申请，最终入围 6003 人。最低分数是 109.92，比 2022 年上涨 4.5 分。入围人群的画像平均在京工作时间是 17.1 年，平均年龄是 41.2 岁。按照这个规模和速度，我计算了一下，在女儿中考前我能完成落户的可能性很小，而且中间还会有其他不确定因素的出现。痛定思痛，这一次我决定不能再打没有规划的仗，再掉入缺乏长线思维的坑，一定要提前了解各种升学信息，做好长远规划。不管怎样，我先按照没有北京户籍，非京籍的身份来给女儿规划她的升学。原因是非京籍的学习方法、重点、策略和京籍孩子是完全不一样的，比如说在数学这一学科的规划上，非京籍家长要把重点放在校内成绩上，夯实校内基础。而不是人云亦云，急着早早去上各种竞赛班。因为除非极个别的“牛娃”，大概率这个成绩在升学上是用不到的。这样折腾下来的结果就是，既没有把校内成绩做到极致，也没有在竞赛中“卷”出结果，反而把孩子的学习兴趣折腾没了，浪费了家长的时间、精力和金钱。同样的道理，包括语文要怎么学，英语要学到什么程度都要有自己的节奏和目标。**只有心中有了明确的规划，在孩子的教育过程中，才能做到不跟**

① 北京积分落户政策，是以科技贡献、专业技能、在京时间等指标为考核项，计算非京籍人才的“积分”，积分达标即可落户北京。北京市积分落户工作实行年度申报制，一年一次。

风、不盲从和不焦虑。因为这些因素，对一个妈妈情绪的稳定真的是太重要了。**我相信每一个升学家庭都能体会到，只有妈妈情绪稳定，才会形成一个和谐、松弛的家庭环境。**

抱着对女儿未来12年升学和教育规划的执着，我开始学习升学规划指导师课程，探索和学习如何来给我的女儿做出一张她专属的升学规划路线图。通过学习，我感觉到自己对于教育行业和升学规划这个专业领域真的是非常热爱。在边学习边输出的过程中，我发现有很多家长正在经历着我曾经的心路历程，像曾经的我一样深陷在这种焦虑不安中。每一个非京籍升学的话题下面，都是家长们热烈的讨论和焦虑、迷茫。大家都希望可以找到一个稳妥的选项来给自己的孩子一个保证，希望选择一条万无一失的道路来保证孩子最后成功升学。“让非京籍升学不再困难”是我工作室的标语，希望未来我不仅能帮助自己的孩子，还能够帮助这个城市里许许多多和我们一样的那些非京籍家庭在升学这条路上少走弯路。2022年，我通过了国家首批升学指导师考试认证后，开始为身边的非京籍家庭做升学规划咨询，帮助他们去寻找最适合自己家庭的升学方案。

当他们第一次听到非京籍升学不是只有回老家、去天津和出国这3个选项，还可以有其他选择的时候，惊喜之情无以复加。当他们听我说不用再为给孩子抢不到机构数学班而自责和内疚，不断重复：“啊？原来我之前白浪费了那么多功夫……”每一次和咨询家庭的交流中，在这些父母的身上，我好像都能看见几年前为女儿的升学和未来彻夜失眠、充满焦虑的自己。我深深地感叹自己的这项工作真的是太有意义了。从表面上看，我是在帮助一个孩子做升学规划，但从长远来看是在拯救一个家庭。**毫不夸张地说，因为家庭的任何一项决策、一个变动，影响的其实是整个家庭的发展计划和所有家庭成员自己生活工作重心的调整。**更何况是，孩子的教育规划这么一个重大决策。拿回老家上学来举例，这个选项听起来最简单，一张车票、一所学校、一个房子都搞定就可以了。但真的落实起来，你什么时候回，要不要陪读，选择哪所学校，走读还是寄宿等都是需要提前考虑、做出相应规划的。

不幸的升学家庭各有各的不幸，而幸福的升学家庭的相似之处就是家长情绪稳定，孩子松弛自信。我的日常工作就是帮助我的每一位 VIP 家庭，在孩子的学业、学科、学校上做好规划、陪跑。在这个过程中，同时帮助孩子提升心理能量、优化学习习惯和方法。保证父母情绪稳定，让孩子在轻松有爱的家庭氛围内成长。每完成一场咨询，收到家长们一条条满意的反馈，我仿佛看到了文字后面父母们的放松和笃定，孩子的成长与进步，家庭成员间的融洽与目标一致，那一刻我觉得自己的工作真的非常有价值。

希望在升学这条路上，我可以和更多的非京籍父母一起携手同行，不焦虑，不跟风，规划出一条适合自己孩子和家庭的教育之路，然后坚定地走下去。最后，祝愿所有的非京籍家庭都可以找到适合自己家庭的教育规划，让非京籍升学不再困难是我们共同的目标。

设计未来

通往名校之路

爱自己，也**接受**自己，接受现在的自己就是最好的，**不苛责**自己。

刘艳艳

- 升学规划师
- 一级造价师
- 高级工程师

理科爸妈与文科娃的拧巴与和解

娃的现状：就读于上海头部初中，成绩名列前茅；曾参加第36届“叶圣陶杯”华人青少年作文大赛，进入决赛，并获二等奖；钢琴通过英皇七级，并想两年内通过英皇演奏一级；2024年1月，参加郎朗的演奏会合奏；羽毛球连续练习三年多；篮球可以打学校比赛；游泳掌握四种泳姿；亲子关系和谐，有秘密都会跟家长分享。

但谁能想象以前我们的关系却是这样的：“为什么盯着这个题看了这么久”“不是跟你说了很多次，做数学题一定要拿草稿纸，把已知条件画出来，读题”“草稿纸呢”“说了几十遍了，为什么不听”，接着是一顿“胖揍”。

打也打了，但孩子还是嘴硬，觉得自己没有问题。

这曾经是我们家的日常。

那时候，我也想做到母慈子孝，也买了很多管教孩子、养育孩子方面的书籍来看。只是，当时看明白了书中的道理，也下定决心去做，但一有事情，就会控制不住自己的情绪，而且往往是通过打骂的方式去处理。

作为理科生，我经常以理科生固有的思维去看待问题，我认为数学很容易，不是拦路虎，就认为孩子应该能和我一样轻松解决这些数学题。

这就形成了恶性循环，亲子关系一度降到了冰点。

现如今，我们亲子关系十分融洽，这一切的改变来自升学规划师课程。它对我来说，犹如沙漠中遇到甘霖，岸上无力吐着气的鱼儿突然回到了水中。

首先，这套课程测试了孩子的优势，又进行了家庭系统评估，帮助我们了解孩子的兴趣类型、性格类型、优势智能、学习风格、家庭养育情况和心理状态等。这时，我才意识到自己陷入了一个误区，就是我一直把别人的成功经验套用在自己身上，却从来没有考虑过这种方式是否适用于自家的孩子。孩子的性格不同，家长的性格不同，所使用的方法肯定是不一样的。**所谓因人而异，不同的人用不同的方法才是最重要的，这也是规划师的意义，根据不同的兴趣、性格下不同的药。**有的孩子就是喜欢语文，有的孩子就是不喜欢记笔记，不能强求每个孩子都完全一样。**每个孩子都是闪闪发光的存在。孩子的一些行为里面肯定映射了父母的一些观念和行为，这时候父母应该先反思自己。**

我家的测试结果就是理科父母养育了文科娃。孩子的数学不好，这也是由她自身的因素决定的，不能怪她。庆幸的是，我及时参加了规划师的课，因为测试结果显示孩子已经有了内耗的表现，对自己做错题有所负疚，而且孩子缺爱，能量低，若长此以往，后果会很严重。

有问题不可怕，怕的是不知道问题出在哪里。

自从学习了规划师的课程之后，我才明白了问题的所在。孔子讲："君子不器。"因为我们要收获的不是一个学习机器，也不是一个乖娃娃，而是一个有血有肉，有独立思想，具有自己特色，对生活充满信心且活力满满的孩子。

我们具体是怎么规划的呢?

简单来讲有两点：解决父母的问题，解决孩子的问题。

解决父母的问题

通过专业老师的深度挖掘，我发现了自己身上存在的问题：第一，对工作过于追求完美，所以在工作推进不下去的时候，我会暴躁，会把不好的情绪带给家人；第二，打着对孩子无条件的爱的旗号在打压孩子。

具体的解决方案：

1. 底层逻辑：不要再责备自己

爱自己，也接受自己，接受现在的自己就是最好的，不苛责自己。

虽然我是完美主义者，但是不要让完美主义造成自己的内耗。要接受某一点不好的事实，要想着这一点不好，不足以影响全局。

工作上一直没有找到能够达到我心理预期的人才，是因为我想照着自己找一个全能型的人，既会做招投标，又能做商务合约，还可以做预结算。结果就是什么都想要，却很少有人能达到这个标准。

在梳理了自己的需求之后，我的计划是招聘 2 个高端人才，2 个中端人才，高端人才可以带动低端人才，既节约了成本，也能起到成长的效果。除此之外，还可以用测评系统招聘。根据不同的人的特质来招聘，比如合约预算，就是需要事务型的人来做才合适，否则都太拧巴，也做不好。另外，要少指责，注意交流时的态度。同事之间是搭拼图的关系，各取所长，不能只盯着员工做得不好的一面。

2. 不要打骂和指责孩子

做父母的总会控制不住自己的小情绪，会把坏的情绪带给家人。究其原因，也与其原生家庭有关。所以，父母的行为真的很重要。我反思后发现，我父母的行为已经深深地影响了我，同样的情绪，我却不能再这样影响孩子。这样的行为应该及时停止。

3. 接受孩子的不完美

我们自己都不完美，工作也没有做到完全不偷懒，排名也没多靠前，孩子对我们提要求了吗？他们要求我们跟其他家一样住别墅、买跑车了吗？在孩子眼中，自己的父母都是最好的。他们没想过去比，没想到不满意，那为什么我们要苛责孩子必须做到考个好成绩，比赛都拿奖呢？

4. 降低对孩子的期待

都说父母对孩子的爱是没有条件的，其实，很多时候这些爱是有附加条件的。附加条件就是希望孩子按照父母的想法去做，去执行，不偏离轨道。如果孩子没按照父母的想法去做，就会招致不满。每次跟孩子发火之后，我也会后悔这样对待孩子。我们闲聊时，我也会问孩子："如果可以选择，你还选择我当你的妈妈吗？"孩子很肯定地回答了我。这个时候，我的心里暖意满满。原来孩子对父母的爱才是无条件的，不管怎样，我都是她心里的好妈妈。所以，我们做父母的也要学着改变，要理解孩子、包容孩子、接纳孩子。

5. 增加能量，增加爱的能力

一个人若是自己都没有爱，怎么给别人爱？若是自己都没有能量，怎么给别人能量？

解决孩子的问题

1. 多与孩子沟通，找到问题的根源

通过跟孩子的深聊之后，发现孩子的能量低，在遇到问题时会畏难，会愤怒，不能积极主动地解决问题。在深入挖掘之后发现，我跟老公在孩子小时候吵架比较多，这给孩子造成了心理阴影。当然，在我学过规划师的课程之后，夫妻关系也改善很多，一切都在慢慢变好。

我们要给孩子传递正能量，要从自身做起。孩子们都能感受到。所以，孩子的心态也在慢慢松弛，在慢慢修复。现在孩子喜欢我摸着她的背，给她按按揉揉，说明孩子心理已经在慢慢疗愈了。

2. 根据孩子的特质，制定适合她的学习方法

孩子的语言天分强，我们就可以通过亲子共读来强化她的阅读能力。

最头疼的是她的数学，已经是班里的倒数了。究其原因，是孩子敏感性低，数学对她来说很难，不容易学会，需要多学几遍，多做几遍。而且这个时候要抓的是基础，基础不牢，地动山摇。所以，我们从基础抓起，只要孩子会做的题目多了，她的自信心也会增强，也愿意挑战难一点的题目。与此同时，给她讲授好的学习方法，让孩子感觉有个着力点，让她的自信有支撑力。

现在她做数学题可以挑战同年级的难题，而且也能做出来了，不像之前基础题都错一大堆。

孩子数学不好，究其原因，是因为孩子对数学没有兴趣，她觉得数学没有意思，根本就不想付出努力去学。我问孩子，为什么那么难的琴谱你都愿意弹呢？她说钢琴弹得好，有很多机会上台演奏，数学就没有。这点也有解决之道，要试着给孩子创造数学解决问题的高光时刻和场景，让她觉得数学也能给她带来荣耀和夸赞。

3. 认可孩子的付出，肯定她的成绩

曾经我们也为孩子的练琴时间不够而发愁，也一度想给孩子停掉羽毛球课。其实，这些归根结底还是父母对孩子有所期待，总希望她能学出成绩，只想接受他人夸赞，不接受孩子的习得过程。但我们要知道，**每门课都是有个过程的，是曲线前进的**。比如钢琴，有 100 个小朋友去学，但是两个星期之后，最初的新鲜感已经消失了，随之而来的是指法之类的基础练习，这时，有 10 个孩子放弃了；两个月后，练习难度加大，孩子觉得枯燥无味不想学，又有 10 个孩子放弃了；两年之后，练习难度更大了，加之学业压力逐渐增大，恐怕会有三四十个孩子选择放弃。所以，能坚持练习下去的人并不多，想占到前面很简单，坚持，加上兴趣和热爱就行了。现在孩子练琴都是自己主动练，因为她享受到了这里面的乐趣，觉得练琴是在放松，而不是负担。

所以，好的观念重要，规划更加重要，专业的因人制定的规划尤为重要。良好的亲子关系肯定是相互滋养、互相成就的。希望接下来的3～5年，我能够做到600位孩子的咨询规划，并且在规划师的道路上越走越宽。

每个人在学习过程中都会**面临挑战**，而且每个人都有自己的学习节奏和方式，**并不是所有人**一开始就能取得**优异的成绩**。

卢雪妍（大雪老师）

- 初中英语提升规划师

突破英语学习困境，助力初中学子升学

大家好！我是大雪老师，大学主修英语专业，主攻英语教育方向。毕业后，我一直在帮助初中生做英语提升辅导。在教育机构里，老师分为不同的类型，有的专门教授班课，有的专门进行一对一教学，而我属于后者。从我的实际经历来看，大多数寻求一对一辅导的孩子，基本上都是英语基础较弱的。

不少家长找到我，说："老师，我家孩子的语法不好，所以考试总是错得很多，分数很低。""老师，我家孩子的英语阅读很差，请你教他做阅读。""老师，我家孩子单词怎么都记不住，请教一下他背单词的方法。""老师，我孩子英语很差，严重拖后腿，你能不能帮他急速提分。""老师，我家孩子的英语还有救吗？"这一系列问题，都表明了家长们的迫切需求：帮助孩子提升英语水平，提升整体学业成绩，实现升学目标。

要实现目标，首先需要分析孩子英语底子薄弱的原因。有的孩子可能对英语缺乏兴趣，学习动力不足，不愿意投入时间和精力去学习。有的孩子可能在小学阶段没有夯实英语的基础知识，导致后续学习困难。还有的孩子可能没有找到适合自己的学习方法，导致效果不佳。甚至可能是以上原因的叠加，因为没有及时进行干预，长此以往，形成了一种恶性循环。

我们设想一下，如果一个孩子处于初中阶段，英语考试得分在 90 分以下，应该从何入手提升呢？

我认为先要回归基础，迅速积累单词和短语是关键。想象一下，当孩子拿到一份英语试卷时，里面堆砌着密密麻麻的英语单词，而他又不知道这些单词的中文意思，怎么能够看懂和理解文章呢？更别说答对题目了。然而，背单词对很多学生来说是一项令人头疼的任务，因为记得慢，忘得快。因此，我们需要寻找技巧和方法。实际上，在考试中，并不要求在每道大题中都书写单词，例如阅读理解和完型填空这两道核心大题，占分值达 40～55 分，它不需要动笔书写单词。只要能够认识文章中 70% 以上的单词，就能完成对整篇文章的基础理解。因此，短期的提升方法是：打开课本后的单词表，先对已学习的单词进行查缺补漏，在这个过程里，孩子会发现自己对一些单词的中文意思不理解，这时需要用笔在旁边做好标记，然后每天花 15～20 分钟对这些单词进行复习，关键在于多重复，重复到大脑能够迅速知道这些单词的汉语意思。虽然孩子可能还不会拼写这些单词，但他的识词量有所增长，做试卷时就会更顺畅。此外，从长远来看，孩子要学会拼读音标，掌握这个技能，孩子就能从根上解决单词发音的问题，以后遇到新单词，学习起来也会相对轻松一些。

接着，孩子还需系统地梳理语法知识和练题。家长可以给孩子选择一套系统的语法课程和一套教辅练习册，先把课程学习一轮，边学边练，不懂的地方要及时提问并解决。练题方面，我的建议是每周练习一份考试卷，限时完成，做完后自己对答案批改。做完卷子后，把试卷里的文章精读一遍。在精读过程中，孩子会遇到不认识的单词、短语和新的语法结构，这时孩子要把这些地方标记出来，及时向老师请教并做好笔记。最重要的是，后期需要有计划地去复习这些笔记，直到能够对文章流畅地翻译和理解。

最后，要训练作文。如果孩子处于初一或初二阶段，那么可以优先去写每个单元的话题作文，然后再写期中或期末考试的重点核心话题作文。如果孩子处于初三阶段，就可以去着重练习近三年的全国各个省份（地区）的中考真题作文以及热门预测话题作文，每周写一篇，在周末抽出 20 分钟的时间写一篇标准化的考场作文，写完之后找老师进行批改以及纠错讲解，通过这样的方式，就可以及时发现在写作过程中存在的问题，从而提高写作准确度。如果想更进一步，那就去背作文范文。背范文里好的短语和表达。以这样的方式坚持三个月，孩子会在写作上有突飞猛进的进步。

这里，我举林同学的例子和大家分享一下。当林同学找到我时，他正在公立初中读初二。在下学期期中考试中，他的英语成绩只有 58 分。面对这样的成绩，他感到很失落、沮丧。他对于如何高效记忆单词感到困扰，而且对语法方面的知识也是一知半解，零散而不成体系。通过分析他的各类试卷，我发现他在完形填空和阅读理解方面经常丢很多分。在进一步进行单词测试时，我发现他的词汇量相当有限，平时并未有意识地去记忆单词，这也解释了他在阅读理解方面的困难。当他向我表达自己的困惑时，他说："老师，以我现在的水平，想取得优异的成绩几乎是不可能的。"他还表示："英语太难了，从小英语就不是我的强项，我对自己也没有太多信心，但我会努力学习的。"我回应他说："首先，我要告诉你，**每个人在学习过程中都会面临挑战，而且每个人都有自己的学习节奏和方式，并不是所有人一开始就能取得优异的成绩。**之前，你的英语成绩不好，并不代表你不能逐步提高自己的水平。我理解现阶段的你可能会感到有些吃力，但这不意味着你不能克服这些困难。所以，你要调整好心态，相信自己，勇敢前行。让我们共同制定规划，脚踏实地地往前进吧。"

接下来，我和他一起制定了以下学习计划。

阶段一：在初二下学期剩余的两个月时间里，先对七年级和八年级的单词进行查缺补漏，侧重先过读音关和词义关，每天早午晚复习 3 遍，在此基础上实现单词英译汉的水平提升。接着，对所有做过的试卷全部精读一遍，对不理解的地方要主动提问并做笔记，充分利用碎片化时间进行复习和巩固。通过一段时间的努力，他的英语期末成绩取得了 78 分，实现了一个小进步。分数的提升还是其次，关键是林同学对于学英语的信心有了极大的提升。

阶段二：初二升初三的暑假，密集系统地梳理语法知识，利用工具学会拼读音标，并提前自学九年级的词汇。暑期期间，林同学自主学习的劲头高涨。看到期末考试成绩的进步，他对自己的学习能力更有信心了。原本他不相信自己努力就能够达到目标，现在我布置给他的任务，他都能 120% 地完成，甚至要求我给他多布置任务。

阶段三：上初三以后，每周练一份中考模拟题。做完以后，逐句翻译这两篇文章中的每一句话。标记和筛查出字词句和考点的缺漏，及时向老师请教。功夫不负有心人，中考放榜时，林同学传来喜讯，他中考英语考了 114 分，最终被心仪的学校录取了。

总体而言，不论是林同学还是其他学生，我对他们的整体教学着重于以下三个方面：**夯实基础，有针对性地补弱项；解析题型的底层逻辑；进行心理引导。**通过在这些方向上的努力，让他们的综合能力和学业成绩都有了显著的提升。**有针对性地补弱项，实际上是对孩子过往效率低的学习习惯进行纠正，针对弱项进行补漏。**学生目前的英语水平很大程度上受到以往学习习惯的影响，只要改变了这些习惯和方法，学业成绩自然会有所改观。心理引导在教学上是必不可少但也极容易被忽略的地方。通常，老师更倾向于关注学生在英语学习中的具体问题，如词汇、语法等。然而，若是孩子内心存在问题呢？若这个问题会对孩子的学习产生较大影响呢？受各方面因素的影响，一些孩子会习惯性地进行自我贬低。他们会感到焦虑不安、无法专注，会把大量时间都花在习惯性的自我攻击上。这会在很大程度上妨碍孩子们的学习。基础较弱的学生对英语学习本身可能存在或多或少的挫败感，因此老师和家长需要和孩子多沟通，多关注和了解孩子心里的想法，发现他们的独特优点，并给予鼓励和支持，让他们相信自己能够做得很好。在他们取得良好表现时，及时给予正向反馈，让他们看到只要朝着正确的方向努力，就会有进步，逐渐建立起他们对英语的信心和兴趣。

最后，我想说：**学习英语并非仅仅是为了应付考试，而是为了全面培养孩子的语言能力和学习素养，为未来升学和人生之路奠定坚实基础。我深信，通过科学合理的规划和实用的方法，每个孩子都有可能提升英语水平，迈向更加光明的升学之路。在这个信息时代，培养良好的英语能力不仅是学业上的保障，也是拓展国际视野的关键。**期待与您一同为孩子打下更加坚实的学业基础，助力孩子们取得更为出色的学业成就。

从追光者到成为光

一转眼做教育咨询 12 年了，如果说毕业后我做得最正确且对人生职业价值最大的事，那就是选对了行业，进入教育领域。

毕业两年后，我结束了一段 5 年的感情，身心疲惫的我痛定思痛后从个人优势、过往经验与热爱三个维度复盘了自己，并提炼了几个关键词：热爱学习与分享、老师和同学眼里的学霸、做过家教且辅导的学生都有进步、通过教师资格证考试。

在明确了自己的优势后，我经历了三轮面试、笔试和试讲，成功进入了一家在美股刚上市的教育公司，当时算是给暗淡生活里增加了一抹色彩。

初进公司的第一天，我和另一个新入职的同事盯晚自习，维护纪律，解答问题，引导孩子们检查作业，处理矛盾并照顾课间安全等。我记得那天是平安夜，晚自习结束后已经 10 点多了，三线小城市早就没了公交车。当时为了省钱，我走了一个半小时才到家。在路上，冷风吹过之后我的头脑更清醒了，我很确定："我打心底里很喜欢这里熟悉的氛围和味道。"**在昏黄路灯的笼罩下，此时我就是一个小小的追光者。**

接下来，我陆续带了学生，从小学到初中再到高中艺术生，凭借着以往的经验加上每周定期 2 次教研磨课、评课，以及与同事们的交流学习，我从最初带第一个学生稍显生涩，到后来承揽校区所有小学和近一半初中生一对一英文教学任务，续约率超过 80%，拿到了全校最佳满意度教师奖和分公司年度说课比赛季军，甚至咨询师和分公司官网上都使用我的头像资料和成功案例来做宣传。可是这看似风光的背后，只有我自己知道自己付出了什么。

工作时间：平时是下午 3 点至晚上 9 点，周末全天上课。为了提升讲课质量，把相同的知识点变花样多形式输出以满足不同程度的孩子的需求，我基本上上午 10 点会去公司，把市面上能找到的视频系统性全看一遍并记录要点，再结合学生的具体情况设计课件内容和互动模式。

教学策略：相信每个孩子本自具足，都有学习意愿和能力，只是需要激发。孩子学习不好，常见的要么是不喜欢老师，要么是不喜欢学科。而喜欢老师的孩子，根据"自我决定论"，通常学科兴趣和意愿会自发养起来。人是有主观能动性的，所以交接时我会从前端老师那里了解孩子的分数、薄弱环节、日常习惯，还会询问家庭养育、成长中的重大事件、孩子的性格和喜好、口头禅及孩子的小名等细节，提前做好教具和内容准备。

比如：Tom，五年级，英文不及格，却喜欢做手工。我就提前准备各种颜色的纸，把需要记忆的单词让他写在手折的“东南西北”上，从单词到句子，一节课能完成学校至少2～3节的内容。

很多孩子第一节课后都会说，好像和师老师早就认识了一样，这份亲切和熟悉感，会给孩子带来归属感和安全感。

课间为了锻炼孩子们的专注力和动手能力，增加课间活动的趣味性，我自掏腰包买了汉诺塔、五子棋、跳棋、九连环、动漫拼图等。当时我的薪资并不高，但因为打心底里喜欢孩子们，我愿意买大几十块一小盒的进口糖果分给孩子们作为奖励。

我的方法是先了解孩子，多看孩子的优点和小进步，帮助他们建立信心，再引导兴趣和培养长期习惯，让孩子成为一个有自我认同感的人。

和孩子与家长进行沟通：除了课前和课堂及学管师日常服务外，我是分公司最早主动打电话给家长的，从孩子的学习内容到行为改进再到习惯养成，都会与家长进行详细沟通，因为孩子的进步是个系统工程。

3年间，我也从老师做到了教学管理带头人。那时，即使是在家做家务时，想到学生们都会不由自主地笑起来，觉得上班路上的风都是甜的，即使大夏天为了某个调皮可爱的孩子因摔断腿，妈妈搞不定，3位老师骑车绕3公里去他家里上课都是开心的。那种回归本原，安好内心的踏实感，现在都令我记忆犹新。

后来因考虑到职业发展上限（三线城市人员及其稳定性）和个人多元探索的决心，我申请从后端管理转到前端做一线咨询服务，从根源上了解每个孩子学习与成长问题，并给出六对一定制化落地解决方案。

人生没有白走的路，每一步都算数。因为有前期在产品设计及交付，客户需求洞察、挖掘与沟通，亲子关系和常见教育理论的熟悉与实操等经验，我在转岗后进展得很顺利。我结合学习电话呼出和咨询流程（公司健全强大的咨询体系在业内有目共睹）第一个月就拿到分公司新人王，半年做到分公司销冠 TOP1。

这背后除了前期积累，是一通通拨出去的拜访电话和反复听取的咨询录音，一条条反复梳理沟通的客户资源，一个个加班至深夜的努力换来的。

在此过程中，我也深深明白咨询服务的专业性、长期主义和客户视角初心的重要性，为此我专门利用工作之余跨级考取了国家二级心理咨询师并灵活运用，这也为我更好地做教育咨询打下了坚实系统的底层认知基础，支撑我走得更远。

机会总是留给时刻准备好的人。我很快接到另一家美股上市教育公司的录取通知，岗位是中心校长。在此之前有一项为期 3 个月的考核，需要完成 3000 课时的销售任务。我被派到一家体系内的旗舰校，没有任何资源支持。最初是有心理压力的，经过几天时间，我迅速调整身心并拿出方案。

从被其他人打卷边儿的资料里，快速筛选出能聊上的家长做资源储备。

提前 1 小时到班，延后 1 小时下班，早 8 点到晚 10 点接、呼入电话和联络客户。

耐心接待其他咨询师认为根本无法签约而转让的家庭，并补充学习当地升学政策和重点学校信息。

越努力越幸运，靠着专业性和信念，我仅用了 40 天就超额完成咨询任务，新签课时超越旗舰校常年 TOP1。

后来我带领校区从无名教学备用点，一年内拿到全国排名前 10 最高前 3 的成绩。当然，学生多了责任也大了，因是新建校我也一直没脱离一线咨询，并对咨询、教学和服务定了更细致的指标。

咨询：客户视角，不是最贵而是最合适的方案为目标。

教学：专注教学满意度（含成绩和习惯改善）。

服务：专注家长满意度（续约和转介绍）。

收获了无数家长与孩子的信任与认可，考试后总有家长送锦旗，也经常有家长激动地拉着我们的手说："感谢各位老师的辛勤付出，你们就是孩子的贵人。"**其实在我们心里，家长和孩子才是我们的贵人。是他们选择相信我们，是这份信任支持和鼓励我们，也使教育工作更有意义。**我曾在很多场合讲到这些案例，包括此时此刻想到都让我热泪盈眶，我认为我们更像是冰心笔下的"小桔灯"，力所能及照亮当下城市需要帮助的孩子和家庭。

后来我回到北京接触到青少年在线教育，看到教育的力量和这束光也可以照耀到更多家庭。

从 2019 年年末至 2022 年年末，我曾尝试海外国际教育和国内成人职业教育，也拿到过结果，可始终没有一种力量能触及我内心的最深处。期间，教育行业也因政策调整发生了很大改变，虽然我是学科教育的受益人，但我深刻知道国家根据国情放眼未来人才发展需要的考虑，认清现实，顺应趋势才是出路。那么，我该往哪里去呢？

我的发展又一次陷入危机。行业大变动加上 35 岁职场危机，往前看路途渺茫，往后看行业没了。

在人生最艰难的时候，也许会有转机出现。这是我依然坚信的。所以，我回顾了过往，想要弄清是什么支撑了我走过无数次至暗时刻和低谷，又在什么时候最充实快乐，甚至有心流状态？

我正视自己的内心后发现，是热爱与价值感、归属感。

正如印度哲学家克里希拉穆提所说："当一份悲伤升起的时候，能否把它捧在手里，就像捧着一块钻石一样，全然专注地和它在一起，这样的做法本身就可以化解你的悲伤，而且悲伤的尽头是爱。"

悲伤的尽头是爱。爱是面对 6～18 岁学龄期成长中的孩子们，看他们鲜活的生命状态和家长渴望的眼神而愿意全身心地付出。这份热爱和内心价值归属在一直支撑疗愈我，那么此刻我又能用什么方式更有效地帮到他们呢？我结合数据并思考得出以下几点：

人群市场容量：2～18 岁孩子的家庭，人群熟悉且需求更高，3 亿家庭市场容量大（精确有 4000 万高知家庭）。

需求：方向选择大于努力，精准升学成功是教育的顶层设计，有刚需也有价值。

产品：各地升学政策和每个孩子有差异，需要个性化产品解决问题，且周期长、回购率高，必须提供可持续服务来打造长期价值。让孩子活在优势上，才能为人生增加更多势能与可能性。

结合我自己的个人爱好与优势，以及 10 多年的教育咨询经验，累计服务 5000 组家庭并拿到结果，梳理出“热爱 + 擅长 + 被需要”的黄金定位模型。

随着个人品牌时代来临，商业模式变得越来越简单且聚焦，这对孩子精准升学服务而言也是恰逢其时。一切都是刚刚好。

同频的人总会相遇。在探索之际，我遇见了中国智慧工程研究会“十四五”计划专家王姐，谈到精准升学成功公式和与之匹配的升学系统以及学习力冰山图作为落地工具，不谋而合且理念完全一致。为此我也专门学习并拿到了国家平台首批升学规划师执照。

目前我在小红书和视频号定期发布内容与直播，向大家分享精准升学逻辑与落地方法，提升孩子的能量与学习动力。

大家可免费领取“智慧父母升学必备手册”。我们会根据不同学龄段的孩子提供一对一全方位优势测评咨询服务，匹配“学霸父母训练营课程”和长期陪跑的“成长陪伴卡”。

心理学者解读克里希拉穆提的话：“当人的心灵跌入谷底，在绝望的最深渊，万念俱灰的时候，有时会出现答案。听到那个声音，就是因为万念断了，思维停止了，于是你的心变得清明，才能听到它的召唤。在这样的召唤下，人一旦身处愿景也就是使命，这就会变得很不一样了。”

是的，此时我的感受是“something than youself”。有些事情比你自己更重要、更伟大。**当你带着使命和愿景去做事的时候，更伟大的事物就会出现，而你会更忘我地专注其中，最终也会更容易达到高手之境，甚至达到天才的无人之境。**

所以，未来我的使命与愿景是帮助更多（至少5000组家庭）2～18岁的孩子精准升学，助力孩子成长和收获更多人生幸福的可能性。

我坚信，这是可以做一辈子的事，能穿越周期，抵岁月漫长。“你热爱的、擅长的，就会是你的天命所归。”

同时，我也希望家长们明白：**“孩子是我们的唤醒者、缪斯，孩子给我们带来的启示，不是以顿悟的形式出现的，而是隐藏在日常生活中最平凡的时刻和最朴素的环境中。无条件接纳和爱孩子，以此来促进自我的觉醒来实现未完成的成长，养育出自主、坚韧和有觉察力的孩子，完成整个家庭的觉醒。”**

成就了更多孩子与家庭，我们才会成为那束光。

而我也会从追光者到靠近光，学习光，成为光。

学业规划从设计梦想开始

我的主要工作是为高净值家庭的孩子提供学业规划服务。这些孩子多为企业家子女、高干领导子女，但令我意外的是，这些在事业上相当成功的人士的子女并没有继承父母身上的优秀品质，反而出现了“躺平”“摆烂”的姿态。这些家庭条件优越的孩子小学时表现良好，但在初、高中阶段陆续出现焦虑、暴躁、抑郁等心理问题，导致他们的学习成绩起伏较大。7 年前，北京大学原学生心理健康教育与咨询中心的徐凯文博士做过一项调查，揭示了这一问题的本质——青少年空心病。“空心病”是指价值观缺陷导致的心理障碍，症状为觉得人生毫无意义，对生活感到十分迷茫，不知道自己想要什么。

徐博士的一项针对北京大学大一学生和研一学生的调查数据显示：30.4% 的学生厌恶学习，或者认为学习没有意义，还有

40.4% 的学生认为活着没有意义，感受不到快乐，更无法为自己创造快乐。他把这一现象定义为“空心病”。

很多家长因为学业规划服务找到我，但事实上，我有一大部分精力是在治愈这些孩子的“空心病”。因为对这些孩子来说，任何好的规划方案效果都会打折。

在做了几百个孩子的个案咨询后，**我帮助那些没有目标的孩子明确了目标，帮助那些没有动力的孩子唤醒了内在动力，帮助那些躺平摆烂、焦虑抑郁的孩子们焕发了生机。我之所以可以帮助每一位来访者实现成长性突破，其根本原因是我帮助孩子们设计了属于自己的梦想，重燃了他们对于未来的渴望。**我把这一套咨询技术和流程定义为梦想疗法，其核心思想是通过帮助青少年设计梦想来唤醒其内在的成长动力。雷军在 2023 年演讲中说，“人因梦想而伟大，又因坚持梦想而成长”，**梦想才是人生的第一驱动力**。

梦想的本质是自我期待，是对未来美好愿景的憧憬。无论是企业家，还是任何领域中取得一定成就的人，他们其实都可以称之为创业者，即开创事业的人。他们之所以“创业”成功，都可以归因于对未来的憧憬与期待而产生的源源不断的动能。这就是梦想的力量。而我工作的重心之一就是把这份“创业”精神传承给孩子。

2022 年 4 月，一位高三男孩的妈妈在听完我的线上讲座后找到我，除了委托我帮助孩子填报志愿外，她更希望我能够帮助孩子梳理目标，提升孩子的学习动力。她告诉我，孩子一回家就玩游戏，从来不学习，感觉孩子一点高考冲刺的状态也没有，她很着急。她的孩子在重点高中的实验班，最近一次模拟考试总成绩570分，在全校排100多名。在咨询中，我发现孩子没有明确的院校与专业目标，还存在严重的自我设限。在跟他探讨完人生发展方向后，我建议他把目标设定为640分，因为这个分数可以帮助他进入自己最心仪的哈尔滨工业大学。他的第一反应是拒绝的，因为他从来没有考过如此高的分数，所以他认为自己不可能做到。通过深度交流与沟通，我让他用创业思维去看待高考，帮助他坚定地相信自己完全可以达成目标，只不过需要自己不断努力，优化自己的学习状态。最终他高考取得了642分的好成绩，圆梦名校。他妈妈十分激动地对我说："谢谢单老师，让孩子高考最后一个月疯狂向前冲。"

梦想可以使人成长。因为真正的梦想可以让人放弃一切杂念，高度聚焦。心理学家艾瑞克·弗洛姆曾说："我们需要一个献身的目标，以便把力量整合到一个方向，超越我们孤独的生存状态，超越此状态所造成的一切疑虑与不安之感，并且满足我们企求生活之意义的需要。"

回顾从求学到今天的创业之路，我之所以能够取得成功，得益于在每个阶段给自己提出新的目标和期待。**正是梦想的力量驱使我通过不断的努力达成目标，这也潜移默化地塑造了我的目标思维。**

2009年7月，我拿到山东大学录取通知书的第一时间，给自己定的目标是成为学生会主席。所以，我大一时积极加入学生会中最忙碌的体育部，并且成了全部门最勤奋、最努力的干事。大二时，我成功竞选为体育部部长。到大三时，我又成功竞选为学院的学生会主席。大一刚入学时，我了解到大三结束时如果总成绩在专业前10%就可以获得推免研究生的资格，我就定下大学的学习目标——一定要保研成功。所以，我总比其他同学更频繁地出入自习室，最终我以优异的成绩顺利保送至山东大学控制科学与工程学院读研。研究生入学时，我认为我应该在离开学校前至少拿一次国家奖学金，所以我研一、研二学习及科研都取得了不错的成果，最后顺利拿到了山东大学国家奖学金。

梦想就是大目标，目标就是小梦想。梦想让我的奋斗更有意义，也帮助我一次次在达成目标中超越了自我。

你可能想象不到，初中时我是一个非常怯懦的孩子，由于缺乏自信、心理素质极差，每次背古诗词或英语短文，在课下背得很熟练，但只要在课堂上被老师点名背诵，我就会超级紧张，头脑空白、磕磕巴巴背不顺溜。即使这样，我对自己依然有一个很大的期待，那就是成为班长。为此，我特地在入学第一天，鼓起勇气跑到班主任的办公室，主动争取到一个当班长的机会。因为是临时班级开学，后期还要分班，所以班主任同意了我的请求。这是我人生中第一次成了班长。因为表现比较出色，班主任和同学们都很喜欢我。正式开学后，我轻松竞选上了班长。这是我第一次体验到超越自己达成目标的快乐。

“成为班长”也成了对我人生影响最大的小梦想。在那之后，我变得越来越自信，也乐于给自己定更高的目标。

在给孩子们咨询时，我发现很多孩子并不是能力不行，而是自己认为自己不行，自己否定自己，这显然是自己把自己限制住了。这一问题如果不能在早期被有效地解决，会成为影响孩子中考、高考以及职业发展的枷锁。也正是梦想让我们看见了问题被解决、愿景被实现后的美好，才有了当下主动克服困难的意愿和信心。

2023 年 2 月，一位高三女孩的爸爸经朋友介绍找到我，他对我说，他的女儿陷入了巨大的悲观情绪中，状态特别差，经常焦虑、失眠，情绪非常不稳定。女孩在第一次见到我时，哭了 1 个小时，开口的第一句话就是“我不想活了”。她认为自己什么都学不好，高考没什么希望。经过一番安抚和沟通，我用霍兰德职业兴趣测试和 MBTI 职业性格测试帮她系统、深层次地认识了自己的特质，并基于她的特质帮助她找到了目标，即成为一名化学专业的大学教授。进而我们把高考目标设定为中南大学的化学专业。在明确了目标后，我们规划申请了中南大学的“强基计划”，这也强化了她奋斗的动力。我帮助她看见了未来的自己，也使她重燃了希望的光。最终她用不到 4 个月的时间提高了 100 分，高考取得了 627 分的好成绩，并顺利通过强基计划成功被中南大学化学专业录取。她计划进入大学后争取本科转直博的机会，并在博士期间规划海外交流一年，然后用最短的路径读完博士，之后进入高校成为一名化学系教授。

我现在每年给超过100个孩子做咨询服务，这些孩子中不乏清华大学、北京大学、985等高校的学生。在咨询中，我发现无论孩子的学习成绩多优秀，都或多或少存在迷茫、目标不清晰等问题，而背后的真正问题是孩子们普遍缺乏梦想。为什么孩子们会没有梦想呢？一是孩子们的人生阅历有限，对专业、大学、职业等外部环境认知较少；二是孩子们对自己的认知也不清晰。一些看似跟学习无关的认知却深深地影响着每一个孩子。家长常常抱怨花了很多钱补课却没有任何成效，其本质问题也是因为孩子没有明确的目标和梦想。无梦想，不学习。**所以教育规划的第一步一定是帮助孩子设计梦想。**

在咨询中，我会以生涯教练的角色带领孩子充分认识自己，挖掘自己的兴趣和天赋，然后从兴趣和天赋出发构建一个真实的属于自己的梦想，再用城市、职业、专业和大学为梦想画像，让梦想照进现实，孩子们便可以从被动学习转为主动学习。在咨询中，我还会培养孩子们的创业思维，以帮助他们获得成长为更好的自己的信念，并激励他们付诸行动，脚踏实地地追逐梦想。**每个人都需要系统地、深层次地了解自己，因为当我们真正读懂自己时，才能更好地驾驭自己。**

每个孩子都应在求学生涯中至少完成一次自我超越，就像我在高中时成为班长、在大学时成为学生会主席、拿到保研资格等，求学生涯的经历会对孩子的未来职业发展产生重大影响。我常常想，假如我当年在高中阶段和大学阶段遇到一个这样的教练，人生会不会不一样呢？所以我在对待每一个孩子时，都会思考两个问题："假如这是我的孩子，我会如何影响他？""假如我是这个孩子，我会如何影响他？"

设计未来

通往名校之路

真正的教育，
就是**个性化**的，
就是需要**因材**
施教的。

陈晓蓉（香香老师）

- 禅城全纳儿童能力训练机构创始人
- 书香高能亲子驿站社群发起人
- 中国首批升学规划指导师

如何因材施教，培养出“学霸体质”？

我是语言学硕士。我家的老大是个女孩，她6岁时已在如饥似渴地读大部头小说《哈利·波特》。

也是从那时起，我天天被身边的人问关于孩子自主阅读的具体细节：你是怎样培养孩子阅读的？我家孩子不爱阅读怎么办？孩子应该读些什么书？亲子共读阶段怎么读？除了朗读法外，还有什么阅读方法呢？要不要用指读法？要不要提前识字？

一开始，我写了一篇文章《6岁读大部头小说，她是如何做到的》跟大家分享经验，随着文章传播得越来越广，有更多的人来找我询问。我就想，干脆开课吧，说不定能帮到更多人。于是，我结合自己语言学硕士及商业讲师开发课程的功底，翻阅了上百本阅读指导书籍，开发了一套《故事达人训练营》课程，培训父母讲故事给孩子做阅读指导。之后，又应需求，每周开线下故事会，实际示范如何给孩子们讲故事。我还被邀请到幼儿园、图书馆，开父母讲座。书香亲子驿站社群，就是那时（2016 年）开启的。

在之后的学习中，语言一直是女儿的明显优势学科。从三年级起，她每年代表班级及学校参加阅读与写作素养大赛，每年都能抱个“金奖”回家。小升初时，也因这些金奖的履历，她被重点初中的重点班，以免 5 万 / 年学费（相当于奖学金）的政策录取。

看到这里，你是不是也像我一样觉得，只要妈妈懂语言教育，培养擅长读写的学霸就是如此的容易。

然而，一切经验在老二身上都失败了。

我家的老二，是个男孩。他在跟老大几乎一模一样的家庭养育环境和家庭书香氛围中成长，然而，在他两岁左右时，我感觉，他说话不太伶俐。常听大家说，“贵人语迟”“长大了可能会好了”，虽然知道没道理，那时的我竟然也佯装不知道，看看孩子接下来会怎样发展。

恰巧，2019 年因为我的线下教育机构儿童能力训练中心课程升级需要，我去参加了一个语言师训课程，给我们授课的是台湾的一位经验丰富的“语言治疗师”。我请她线上远程帮 3 岁 10 个月的老二做了一次语言评估。

果不其然，老二的语言发育迟缓。让我没想到的是，竟然迟缓了 10 个月！我还清晰地记得那一幕，老师拿着一张张卡片问他："这是什么？"没想到，连梳子、皮带这样常见的事物，他都会支支吾吾地说"……头发的""……裤子的"，就是不能准确地说出那个名词。

我清楚地知道语言的发展规律——3 岁左右的听说能力，在没有干预的情况下，预示着孩子 7 岁左右的读写能力。并且，语言能力是高阶能力，语言发育迟缓其实是思维能力等其他综合能力偏迟的外显。

可想而知，当我看到"语言发育迟缓 10 个月"这个结果时的沮丧。也是这时，我才突然意识到，在刚刚过去的半年幼儿园小班生活中，弟弟入园总会哭闹，除了分离焦虑外，还有语言能力弱的原因。

妈妈是语言学硕士，提倡打造阅读环境的教育方法，都已经培养出来一个伶牙俐齿、读写能力超群的老大，为何同样的方法，在老二身上就不奏效了呢？我曾一度怀疑，莫非我家老大是自己天生优秀，跟我的教育方式无关？

我一边反思，一边陷入了深深的自责。2016 年，生完老二后，我就花大量的时间带妈妈社群，讲阅读课；2018 年，又花大量的时间开线下机构，结果连自己家的孩子都没教好。

但我很快就从愧疚感中走出来了。我发现，评估带来的焦虑，给我带来了行动的力量。**当行动力上来后，焦虑就消失了**。

当时，我的线下机构刚刚开业不久，100 多个家庭如此信任我，把孩子送过来了。经营刚刚开业不久的校区，会消耗我大量的时间和精力，我不能全身心地陪孩子。

在这种情况下，要如何提升孩子的语言能力呢？

当时，儿子也在我运营的禅城全纳儿童能力训练中心做训练。

我把测评结果告诉了给儿子做能力训练的教学主管开心老师和带班学能老师毛毛虫老师。我们教研分析孩子的状况和行为表现后发现，语言发育迟缓这个结果真不是意外。

首先，从孩子自身的能力看，前庭失调可能是从娘胎里就开始了。我在孕 8 个月时曾出现过“胎位不正”的情况。恐怕前庭系统探测地心引力的功能，从娘胎里开始就偏弱了。

在生活中，看到只有两个台阶长度的小小的斜坡，他也想去滑一滑；我跟他一起等地铁的时候，他会围着我跑来跑去……种种现象表明他前庭寻求刺激的需求明显。

前庭系统影响听知觉的发展，因为听知觉系统与前庭系统有共用神经。他的听知觉一直是偏弱的。

生活中，你在房间叫他，他会跑去厕所找你，不能辨别声音源。五言绝句，听知觉好的孩子能很快背诵出来，而他直到小班时，还不能顺利地跟读复述整个句子。

听知觉弱，意味着什么？

意味着你跟他说的话，可能有 50% 的信息是被遗漏掉的。

语言的听、说、读、写能力，其实是有发展顺序的。听的能力偏弱，意味着，虽然我们重视阅读启蒙，但输入再多的信息，他接收的信息也还是少。

其次，从语言环境上看，弟弟的语言养育环境其实是不如姐姐的。这是我发现孩子语言发育迟缓后，刻意留意发现的。

那天上午，我上班晚了些，发现孩子的外公外婆在卧室里摆弄手机，3 岁的弟弟很安静地坐在地上看书、玩玩具，自己玩了近 1 个小时。以前我觉得这样的生活甚是惬意，但现在我意识到，这样少了互动和语言交流。

两个孩子，3 岁上幼儿园前，同样是外婆带得多，但姐姐小时候（2010—2013 年）智能手机还不太好玩，弟弟小时候（2016—2019 年）智能手机已经特别吸引人了。不得不承认，好玩的智能手机抢走了家长的注意力，也抢走家长与语言发展黄金期的孩子的语言互动机会。

并且，我发现，早期阅读的方式，对像姐姐这样听说发展好的孩子来说，是好的学习方式。但是，对于像弟弟这样听说语言能力偏迟的孩子来说，并不是好的学习方式。

举个例子，姐姐学得快，生活的体验中早早学会了“苹果”这个词汇，所以阅读时看到一个红红的大苹果，她能很快学会；但是对弟弟来说，他还是不理解，与其让他花时间读绘本，不如花更多时间让他摸一摸苹果，尝一尝苹果，这时出现“苹果”这个词汇，他更容易学会，学习效率也会更高。

所以，弟弟这个能力发展阶段，需要更多“直接感知”，需要在体验中学习。像读绘本这种间接抽象的阅读学习，效果并不好。

成因清晰了之后，就能“因材施教”地做调整了。妈妈不是

孩子成长的唯一资源，妈妈可以承担家庭中“教育 CEO”的职责。

于是，在我不能全职陪弟弟的情况下，除了自己尽量多花时间陪孩子之外，我制定了调用身边一切资源的方案。

第一，与机构的学习能力开发指导师毛毛虫老师沟通，加强孩子个性化的能力训练课，从视知觉训练阶段性调整为听知觉训练强化。

第二，周末由爸爸花更多时间带孩子外出，增加孩子对生活的“体验”，丰富生活经验。

第三，幼儿园停课期间，重视家庭语言环境。上小学的姐姐在家上网课，没有其他朋友玩，姐姐就可以带着弟弟一起玩耍。弟弟的语言环境突然变好了，增加了超多语言输入。

第四，教给家里人“词汇轰炸法”等语言类游戏，在日常亲子互动中，一有机会就跟弟弟一起玩。

就这样，大概一个多月后，弟弟突然就迎来了“语言爆发期”，变成了个话痨，超多“为什么”。终于，孩子从语言发展阶段的“构句期”向“精熟期”迈进了。这时，从小养成的绘本阅读的习惯，就能促进孩子听、说、读、写能力的发展了。

现在弟弟已经上小学二年级了，他爱阅读，除了独立阅读校园流行的桥梁书、漫画书之外，还会读《写给儿童的中国历史》这类读物。他也爱记录生活，平常外出散步看见植物，逛博物馆遇到新鲜事物，都会记录在他的小本本上。有时，他还会在妈妈的影响下，用“语音写作”的方式写日记，记录日常发生及所思所想。在学校的语文考试中，有时还能得满分。

通过一步步搭建孩子学习“最近发展区”的脚手架，“学渣体质”的弟弟，被我们用个性化教育调理出学霸特质了。

真正的教育，就是个性化的，就是需要因材施教的。无论孩子原本体现出来的是能力强，还是能力弱，只要因材施教，这个孩子就会成为爱学习、爱生活的学霸。

从小语言能力优秀的姐姐，只要为她提供良好的教育环境，让她凭兴趣选择阅读书籍，就是因材施教。自然地，她在 6 岁时，就能进入自主阅读、自主学习的阶段。

从小语言能力偏弱的弟弟，也在进行专业评估，针对性地做出调整和训练后，踏着他自己的节奏，慢慢追赶上来了。在 8 岁时，他也进入了自主阅读、自主学习的阶段。

当然，这不是我家的个例，也不是只有语言读写能力可以这样培养。我在线下机构每年服务 300 多个孩子，除了语言能力外，注意力、记忆力、思维能力、情绪管理能力等都是需要考虑和评估的。更多关于个性化教育的内容，有机会再一一为大家分享。

我相信，每个生命都是独一无二的。愿更多孩子能享受到个性化教育带来的益处，让生命闪闪发光。

设计未来

通往名校之路

坦荡做事，认真教书。

柯婉（阿柯）

- 中文素养读写机构创始人
- 读书写作自媒体达人
- 十余年研发阅读和写作课程

一个小机构的大追求，几个读书人的小梦想

关键词

小而美品牌、大学生创业、女性故事、个人成长、教育培训、全民阅读、书香湖南、“80后”的夹缝

我是阿柯，在湖南长沙带领10人左右的小团队创办了一个名为“竞思悦”的中文素养读写机构。今年是我们机构成立的第4年。这期间，我们遭遇了教育政策的滔天巨变，但“大浪淘沙，真金百炼”，这场巨变深刻地锻造了我们的团队，也坚定了我们“为国家发展培养栋梁之材，为中文之美研发落地课程”的追求。但谁能想到，这宏大的目标却源自一段平凡的午后闲谈和一段不平坦的创业之路。

一个普通的下午

创办竞思悦之前，我的青年岁月一直处于迷茫中。我困惑于：人和社会的关系，人和物质的关系，人和梦想的关系。**做教育就是培养人才。**生而为人就不得不思考哲学三问：“你是谁？你从哪里来？你往何处去？”因为自己都不能掷地有声地回答这三个问题，我时常愧于在讲台上传道授业解惑。

没有答案，我过着和主流社会格格不入的琐碎生活。我毕业于一所国内顶级名校——北京师范大学。我身边也有太多优秀的年轻人。当时年少，读书酣然，毕业一别，从校门走出，迈上了不同的路。我身边的大多数同学选择了基础教学岗位或教育管理职位，他们奋战在一线，为国家制定政策、落实管理、培育人才，不可谓不幸福。我热爱教书育人，也痴迷于中文之美，但却不希望自己被束缚在一种庞大的组织之中。这或许就是一个生性自由的“80后”在这个特殊的时代必须要思考的问题：**“人生而自由，却无往不在枷锁之中。”我们应该如何在社会规则之下追求有意义的自由，这难道不是我们这个时代的青年应该思索的人生命题吗？难道不是我们这个年代的创业者，选择搏击未知风浪，以谋求远大前程的契机吗？**

很长一段时间我都埋首书海，囊中羞涩，时常“月光”，幸而还算殷实的家境给了我迷惘的底气。直到25岁的那个下午，那天我读到：玄奘西行取真经。我蹲坐在家中沙发的一角，和父亲闲聊起我的读书感受。平日里，父亲对我进入社会如此拖延并无好脸色，但当他听到我对经典作品的人物的理解分析时，他眼前一亮，说："你就是吃这碗饭的，你想要怎样的工作你自己选择吧。"至此，他改变了对我的态度，不再逼迫我。而我的母亲还一直对于我没有循规蹈矩地进入公立学校颇有怨言。不过，在我创业多年后的今天，母亲却成了全力支持我的后盾。在这里我也想一并感谢我的父母。**要知道，创业之路艰辛异常，没有家人的守护和支持，是非常容易折戟沉沙于漫漫征途中的。**

因自己的语文学习受益于海量的课外阅读，所以我渴望把这种学习方法带给孩子们。那时全国的语文教材都还没有使用如今通行的"部编本"，名著阅读的概念鲜见于语文教学之中。如今语文教学界广为推崇的"整本书阅读"，在10年前的语文教培界还是相对新锐的理念。而我一人在湖南长沙——中国的教育重镇，苦苦坚守着这样的教学方法：语文学习完全可以通过大量的文学阅读来提升孩子的中文能力，而不是只有刷题和技巧练习这一条路子。

星星之火，坚守则成

读书人还能干什么？**为天地立心，为生民立命，为往圣继绝学，为万世开太平。**但再崇高的理想也需要落地实施。现代商业常说："魔鬼就在细节里。"我倒更喜欢老子的那句："天下难事必作于易，天下大事必作于细。”一切都要从最小处做起——选合法场地，拿合规证照，一个只爱墨香不懂铜臭的“当代孔乙己”要开始学商业思维，学管理方法，各种磨难，不一而足。如若不是一口读书人的志气支撑着，恐怕在任何一个困难面前，我这个小女子早就倒下了。**“难不难？很难！苦不苦？很苦。”多年磨难，直到而立之年，艰苦奋斗的工作为我的生活带来了欣慰的回报。**这也印证了那句话，“幸福的生活是奋斗出来的”。我从蜗居的房间里，掏出了88个麻袋，里面装了上千册的书籍，之后又把它们搬运到相对宽敞的新家。新房的邻居大为震惊——从没见过有这么多书的家庭。一路上爸爸感叹：“孩子呀，生活不容易啊！”确实，我站在讲台上就能有尊严，但想想那些面朝黄土背朝天的劳动百姓，想到他们整日的辛勤劳作，便不觉得读书有多么苦。况且我们湖南人本就是吃得苦，耐得烦，霸得蛮。我们湖湘宝地本就盛产文武双全的读书人，像曾国藩、左宗棠、毛主席等。**我虽不曾有伟人的魄力，但也在阅读大家典籍中习得了智慧，明白了人生意义何在——一生站讲台，一世读书人。**

坦荡做事，认真教书。在取得合法经营证照的第一年，我们成了湖南长沙岳麓区唯一一家成立当年就取得了区年度优秀教育机构资质的培训学校。区教育领导来校区指导工作的时候，对我们这个“新出炉”的小机构多有肯定鼓励之言，让我们心生暖意。一位女领导提到一个细节：竞思悦在咨询台的边角处都贴上了防撞条，要全区提倡推广。我发现只要用心做，就一定有人能看见。

中文之美的落地课程

创业是一种生命存在的思考方式，而教育一定是家国叙事的深切认同。我们历经大政方针的洗礼后，更加坚定地迭代符合国家倡导的中文素养读写课程。竞思悦团队研发了横贯 K12（小初高）的文学素养课程。这个课程深度理解教育部《语文课程大纲》指定的课外必读书单，依托发展心理学和阅读脑科学的前沿理论，配合中国语文课程学的最新研究而逐年迭代。在 4 年时间里，在这个不到 500 平方米的地面培训中心里，有几万名长沙学子跟随我们研读经典典籍，走进文学名著。我们的课程系统培育出了若干个考入了像北京大学、清华大学这样顶尖名校的优秀学子。近年来，我们也搭建了小型的线上网校，陆陆续续有外地的学员加入我们。正是这样的一套课程，支撑起了竞思悦培训中心在湖南长沙河西片区市府板块家长的美誉度。我们也成了在家长中口碑较高的一家非学科类中文素养读写机构。

这套课程既符合国家现在倡导的全民阅读风潮，也能切实地帮助 K12 学员落实升学必读必考的书单。2023 年，依托这套课程系统，我们还研发出了配套的专题课—— 悦课，以期解决孩子阅读学习中的疑难问题，如“如何记笔记”“如何认识成语”“如何认识汉字”“如何制作思维导图”等。接下来，我们期待能有更多的同行朋友们知道我们正在做的小小努力，也希望能和有亲子线上私域、社群的各路大 V 和线下门店（培训机构、阅读馆、亲子中心、母婴店、各大书店和儿童玩具店）有或深或浅的合作。

语言素养不外乎就是输入和输出。我们紧跟国家倡导的全民阅读热潮，以中外文学史上的经典作品为主线，紧扣整本书阅读的教学理念，展开我们的青少年读书教学。同时，我们也紧扣国际流行的创意表达写作课程，它有别于传统的只侧重“文章”角度的要素结构化书面表达课程设计，而是积极引用国际前沿的“创意表达”研究成果，把创作者维度纳入了课程设计之中，并从文学、历史、艺术的角度广泛选取写作学习材料，让学生能浸润在大文科的素材之中，习得书面表达的真正方法。

一个小型的创业团队，在这样的一片热土之上，我们无意唱夸饰的赞歌，我们也不想诉艰苦的悲情，我们只是时刻记得我们的追求。

“竞”

为国家培育栋梁之材。邦国不强，黎元苦难。人才是国之强大的根基。达尔文的观点是“物竞天择，适者生存”，毛主席也曾立于湘江橘子洲头望四野秋景吟出那句“万类霜天竞自由”。

这是我们追求的第一层：让中国学子有实力，稳立世界强邦。

“思”

中文承载的中华文化：儒、释、道、墨、法、兵，在那个百家争鸣的灿烂时代，我们华夏故土的文化之花绵延数千载，滋养后代四万万。中国学子自己要读书求知，要善于思考。

这是我们追求的第二层：让中国学子善思考，传承中华文脉。

“悦”

幸福而快乐地生活，不困于低级趣味。我们希望通过中文之美和文化之美让孩子感受到琐碎日常中的生活之美。不仅仅因为物质的富足，更因精神的丰盈。

这是我们追求的第三层：让中国孩子享快乐，滋养珍贵生命。

泱泱大国，企业林立，我们这渺如芥子的小机构行于为国家培养人才、传播中文之美的道路上，这是我们的大追求。

我们这几个读书人，一直躬耕在教书育人的一亩三分地里，萤火般的小梦想也值得我们用此生点亮。

因为读书人真的相信：儒家文化滋养我们进取的浩然正气，要践行国家大计而回馈社会；道家思想涵养我们洽然的守雌之心，在自我追求和社会效益之中取得恬淡的智慧。如今新媒体时代将个体的故事渲染放大，我们也想借由这本书、这篇文章发出自己的声音，寻找更多同行人……

这是我们选择的和这个庞大世界对话的方式——勇敢创业而仓廪实，日夜读书而精神富。

设计未来

通往名校之路

自主学习必然是未来时代中的**核心竞争力**。

尹春林（春天）

- 9～14 岁升学规划师
- ICF 国际教练协会 PCC 教练
- 自习学习教练

唤醒孩子的内在能量，让他们成为独一无二的光

我既是两个青春期男孩的妈妈，也是一名自主学习教练和升学规划师。

开始对家庭教育感兴趣是在我做了妈妈之后。在做妈妈前，我是一名对外汉语老师。有了孩子后，我开始做全职妈妈。在陪伴孩子成长的日子里我开始不断思考：我应该如何教养我的孩子？我期待他们将来成为什么样的人？这两个问题的思考开启了我对家庭教育的不断成长之路。

教育观的重建

从宝贝出生开始，我基本看遍了在国内出版的比较符合我的价值观的育儿书籍。基本上是一天一本书的学习速度，很快我就对家庭教育的各种理念有了一些了解，也让我在养育孩子的日子中不断实操学习到的内容，同时也会分享给其他的宝妈。渐渐地，我身边的宝妈们在养育方面有问题的时候，第一个想起来的人就是我。这也激发了我更大的动力，一手养娃，一手不断成长和分享。

在孩子 3 岁的时候，我有幸去参加了一年的教师培训。这一年的培训，颠覆了我对教育的想法。对于孩子的教育，家长起着至关重要的作用。**每一个孩子都像种子一样，有适合自己成长的温度、湿度、时间、样式。有的孩子会成为参天大树，那他就会撑起一片绿荫；有的孩子就是小草，那他也会拥有小草那顽强的生命力；有的孩子是会绽放的花朵，带给周围馨香之气。无论哪一种都是好的，不需要比较。**只要孩子能成为他自己，就已经充满了力量。其实种子里面的力量是与生俱来的，而很多家长和老师都容易忽略掉这种力量。**孩子的成长不是在竞争中不断突出重围，而是在不断认知自己的过程中按照他的速度成长，直到他认识到自己是谁，对他来说，生命的意义是什么，他的内驱力就会被唤醒。**孩子最适合用原本属于他的特质去探索和认识这个世界。这些理念颠覆了我的教育观，对我有着极深的影响。当我相信孩子的生命里面自带使命时，我的角色就变成了不断唤醒和引导孩子找到属于他的使命的引导者。我也意识到一个家庭中家长的教育目标非常重要。**我们家庭的教育目标是希望孩子在生活中寻找到人生的使命并愿意成为光，照亮他人。**当我和丈夫沟通后，重新制定了家庭教育目标，而我也突然意识到自己每天陪伴孩子的价值。在生活中，我会细心观察孩子，而且也希望有更多的家长能意识到家长对于孩子一生的影响。

自主学习，深度探索

在我家老大 4 岁的时候，我和丈夫决定在家教育孩子。这个决定一直坚持到了现在，到 2023 年正好整整 11 年的时间。在这期间，我开始探索如何让孩子自主学习。一方面我相信他有认识这个世界的能力和探索的好奇，另一方面我也觉得让孩子自主学习是孩子和我都越来越轻松的路。

于是我开始了学习、请教、实践、探索的无限循环。渐渐地，我家的书越来越多，书墙成了我家独特的风景，也是我家最大的财富。我非常感恩总是有很多善良真诚的前辈给我和孩子帮助。大概用了两年时间，老大已经实现自主学习，我可以轻松地带着老二玩和自我成长。在这个过程中，我也积累了很多理论和实践经验。当然，这种教育方式，最受益的还是孩子自己。他自己非常享受探索和学习带给他的成就感和满足感。

我家老大今年 14 岁，就有了清晰的使命和方向，并开始用他擅长的方面帮助他人。他用了一个月的时间自学英皇乐理五级，并通过了考试，还写了三本长篇小说，最近正在写第四本长篇小说。2023 年开始，他在辅导班学了一部分基础知识后，使用人工智能大模型工具，自学计算机算法知识。而且他自主开发了很多小程序，去帮助更多有需要的弱势群体。他还自学完了微积分的课程。

那我是如何帮助他拥有自主学习能力的呢?

经过观察后，我发现我的教育观起到了主要的作用。

我会常常跟孩子一起复盘，并且会定期跟孩子约会，在跟他一起吃甜点的时候，聊聊天，倾听他的感受和想法。他的每一分努力都被我看见。此外，每天我都会给孩子一些时间，让他分享学习到的内容。每到这个时间，孩子就非常兴奋。我就变成了他的粉丝，安静地倾听他的分享，不时提出一些问题跟他互动。他每天都有自己的留白时间，在这个时间里，他可以尽情做他所喜欢的事情，因此他每天作业的完成效率也非常高，因为他急着做他渴望做的事情。我会鼓励他在一段时间内聚焦一个目标，进行突破性的学习，这让他更加专注，而且在短期内，在聚焦的方面他也会有非常强烈的成就感。在目标达成的过程中，如果出现卡点和困扰，我们就一起分析问题、解决问题，并且不断在其中萃取学习方法和经验。因此，他就越学越快，把一次次的收获迁移到不同的目标中。

他的成长也让我对自主学习有了更多的想法。

我认为，**自主学习必然是未来时代中的核心竞争力。**我的孩子受益了，我就想总结一下经验，把这些分享给更多的家庭，希望有更多的孩子拥有这个具有强大爆发力的能力。

找准定位，唤醒孩子的内驱力

在我的价值观里，女人可以有很多角色，但身份是恒久不变的。我是一个独立的人，是有使命的存在。

我是光，守在应该站的位置，不仅可以照亮自己的地方，还可以点亮更大的区域。

我曾在闲暇时间里，帮助一些有养育困扰的家长，给他们做一对一的咨询。于是我拥有了另外一个角色——家庭教育顾问。每次讲课或一对一陪伴孩子成长，都带给我极大的喜悦。家长们的成长和蜕变带给我想要在家庭教育方面深耕的决心，这就是施比受更有福的奥秘吧。在短短的几年时间里，我为了更好地服务有需要的家长，在个人的能力上和专业上都更加有动力地学习和成长。随着服务的家长越来越多，我却遇到了一些困惑，就是到底如何帮助家长才是最好的方式？当家长什么都知道，但就是做不到的时候该怎么办？家长一直困在原地打转，即使有认知，但就是无力改变时该怎么办？这些问题困扰着我，让我不知该如何帮助他们。

那段时间的困扰已经将我整个人带入极大的焦虑之中，我整夜整夜失眠，有种看着大家面临困境，我却无能为力的沮丧。

有一天，我的一位师姐在微信群里发了关于教练咨询的邀请书。我不知道什么是教练，带着好奇和寻求帮助的心，预约了一次教练咨询。这一次的咨询让我收获颇多。通过一场对话，她没有给我任何答案，但却把我从乱麻中拯救了出来。那强有力的发问，觉察后带给我的力量，都让我对教练技术有了想要进一步了解的想法。于是我立刻在网上下单了国内所有的带“教练”字样的书，开始了鲸鱼式快速学习。我希望可以把这些书中的精华，转化成可以服务社群和家庭的交流方式。实操了一段时间后，我发现沟通效果明显提高了很多，也设计了一些表格，帮助家长们有逻辑地梳理状况，并鼓励他们做出调整和改变。有的家庭夫妻两个人一起交流，效果就更好了。尝到了教练技术的甜头，为了不再当“赤脚医生”，我需要进行专业的学习，于是我开始了教练技术的学习。从 ACC 到 PCC 的学习，让我的教练技术不断精进，带给家长们的帮助也更加明显了。我从知道到做到的路上，不断地带着家长们觉察与实践。这些年在做家庭教育的同时，我还做了 600 多个家庭的深度陪伴和咨询，这个过程不仅帮助了他人，也实现了我一次次的专业和技术方面的提升。

2022 年新年过后，我们全家搬到了深圳。在人生下半场开启副业创业，希望帮助更多的青少年学生掌握自主学习的能力，助力国内升学，并帮助预备出国的学生们找到自己的热爱，丰富背景提升方面的课外活动。在我的眼中，每一个孩子的生命都是闪闪发光的，即使有的孩子像一块璞玉，表面平平无奇，但是当我用教练的方式跟孩子咨询时，都能发现他们内在的宝藏。每一个生命都是如此精彩。

在跟每一个孩子的深度陪伴中，我的使命感也愈发明确，就是陪伴更多的孩子找到他的使命，唤醒孩子内在的能量，让每一个孩子都成为独一无二的人，成为眼里有光、心中有梦想的人。

接下来的 10 年，我将聚焦在自主学习教练的方面，不断突破和成长。我希望可以帮助更多需要唤醒内驱力的孩子们，让每一个家长不在焦虑中消耗，轻松养育。

向外探索，不如向内生长

摘要

语言智能不高，使得我在小学阶段说不出任何一篇文章的中心思想；数理逻辑智能不高，导致我在高一时问同学的数学问题是书中的基本概念；人际关系智能忽高忽低，让我在很大程度上内耗，在无关紧要的小是小非上浪费了太多的精力。可是梦想和使命感为我提供了足够强大的内在动力，让我一路上虽跌跌撞撞，却不知疲倦地成为现在的模样。

关键词

语言智能、数理逻辑智能、人际关系智能、梦想、使命感、内在动力、跌跌撞撞大家好，我是艾文！欢迎来到我的篇章，希望我的经历对您有帮助。

写下这段文字的我，正在中国传媒大学读工商管理学硕士，在此之前的5年时间，我是一名课外辅导的初中数学老师。我曾帮助过1000多名学生提高数学成绩并使其爱上数学。我的秘诀在于能让学渣学懂数学、学民爱上数学、学霸更上一层楼。**因为我自己淋过雨，所以更想为别人撑伞。**我深深地理解那些数学课听不懂的孩子们，因为他们就是曾经的我。

上小学时，班级里一共有30个人，我要在比较努力甚至是很努力的情况下才能成为班级里的中等生；上初中时，对于物理，我的同桌思考一遍就懂的题目，我可能要思考几遍才能弄懂；上大学后，很多学生考前突击就能考高分，而我必须要“虔诚”地学上一个学期，才能取得比较好的成绩。“我不聪明；我要很努力才能达到别人稍稍努力就可以达到的水平”，这是我27岁前给自己下的定义，甚至一度认为这就是我的命运。当我在不断探索自己、不断梳理过去的成长节点时，才发现这大概率是一个“误会”。

记得我小时候，爸爸总拿着地图看，电视节目也总在《百家讲坛》和《走近科学》之间切来切去，我一个都不喜欢。我感兴趣的是唱歌、跳皮筋、穿漂亮衣服、追星，没有一个是和学习搭边的。正因为如此，我在教材之外几乎没有任何知识积累，哪怕是杂志、小说，我都不看一眼。

纳瓦尔说：“学习是终极元技能，可以换来任何东西。”我们都知道，学习是一个输入、整合、输出的过程，然而我在输入这个环节就出现了问题。这影响的不仅是某个科目，而是整体的知识架构以及对诸多新概念的理解。因为良好的语言体系搭建，不仅会使我们的语文成绩、英语成绩名列前茅，还可以使我们用更短的时间理解各门学科的名词；逻辑思维的培养，能在形成良好推理能力的同时，使语言表达更加清晰、缜密。在意识到这些之前，我常常不能与自己和解，我似乎始终在不太擅长的领域扎根。比如，我本科学的是金融专业，毕业后我成了一名初中数学老师，好像是在证明自己，毕竟学金融、数学的人都看起来很“聪明”。当我意识到我呈现的状态是后天输入不足，导致我没有足够多的“素材”来对知识框架进行整合、输出之后，我就不再过度内耗、苛责自己，也把不聪明的标签渐渐撕掉了。

一路成长下来，我越来越感受到教育的本质应该遵从事物的发展规律，这样才能最大化地开发孩子的优势。如果能够了解孩子成长的底层规律，就不会在养育的过程中眉毛、胡子一把抓，因为真正好的教育等于不“卷”，按规律办事。

复盘我的成长经历，我的元技能错过了最佳启动期，导致语言智能、数理逻辑智能没有得到很好地开发。而这两项能力是一个孩子知识积累的母盘。这两项智能高，就可以不停地“解锁”各门科目，尤其在当今数智化时代，只有把两者有效结合起来，才能在 AI 时代里，生活得更舒服。

不论是在学生生涯中，还是在成为老师的这几年，我都深刻地感受到青少年在成长过程中存在着诸多问题。有学业本身的问题、有学生个人的情绪问题、亲子关系问题、师生关系、同伴关系问题，我试图去探索如何帮助孩子和家长梳理出清晰的框架，助力孩子们全面、健康成长。这里的全面，并不是指面面俱到，什么都要会、什么都要学，而是成为一个立体的、有生命力、有创造力的孩子。我在探寻的过程中，遇到了王姐，她已经用学习力冰山图将这些部分都展示了出来，并把每个部分都搭建起了对应的体系，给出具体的应对方案。这让我想起了雷军说的那句话：**“世界上 99% 的问题，都有标准答案，找个懂的人问问。”**

我国的教育以公立体系为主，大部分孩子都在几十人的班级里学习，难免会有老师照顾不到的地方。对于一些外向的孩子而言，这大概率不会对他们产生影响，反而会让他们在一定程度上更好地将自己的优势开发出来。然而，对于一些内向的孩子而言，如果他们的成绩不好，大概率就会成为被老师忽视的对象。而在孩子内心的力量尚未生发出来的时候，父母再不够细腻，就会让孩子的很多情绪无法“消化”。我在初一、初二以及高中三年，都曾被老师不同程度的忽视，如果不是我有非常强烈的想要实现目标的意志，可能会和很多半路掉队的孩子一样，无法敲开大学的校门。

很多家长可能会认为这些不重要，没有必要这么“矫情”，可是孩子的感受绝不是家长认为的那样，不但不能被忽视，还要被正视、被尊重，否则明明孩子有 10 分的精力去学习，当被内耗占去5分后，即便再优秀的孩子，也只剩下5分的精力了。我想，这也是为什么王姐这套成功升学公式会把能量放在第一位的原因吧。**因为一旦能量是消散的，学习的精力就会不足，所以要帮孩子把能量收回来。**以上我还只是围绕师生关系这一个维度来考量，如果再加上亲子关系、同伴关系等其他维度，孩子是不是就生活得更难了？在我看来，**帮助孩子提高人际关系智能，并非是让他们在任何场合都左右逢源，而是在任何场合，孩子既有能力保护好自己宝贵的能量，又能相对妥当地处理好与他人的关系，不冒犯别人，也牢牢地守住自己的边界。**这样才会让孩子有能力进入真正的学习、探索的心流状态。

在认识自己的路上，我也在不断地借助更多外在的力量帮自己梳理。在做一个心理咨询的过程中，老师和我探索了关于为什么这么多年我能够一直有一股强大的力量支撑着我前进，即便同等知识量的学习我要付出超出常人的努力。我是这样回答的："如果把家庭的经济状况和文化状况从1～5分由低到高打分，我的家庭得分应该是2分，而我认为自身应该是4分，而这2分的鸿沟是我不停成长、前进的动力源之一。我不追求名牌、奢侈品，但追求家人过得幸福。曾经听过这样一句话："一个家庭总有一代人要努力。"虽然我们家的人也都在努力，可是方向相对单一，而我想从经济和文化两方面帮助家庭实现一点跨越。所以从小到大，我的爸妈从来没有操心过我的学习，反倒是担心我太累，总会叮嘱我注意休息。

此外，我还有一种深深的使命感。我想要帮助社会上更多的孩子和父母从迷雾中走出来，让青少年走出升学困境，让父母们走出育儿焦虑的困境。在前段时间的深度思考中，我有这样一种感悟："我国的青少年父母，既高估了自己，又低估了自己。"高估的是：以为放弃工作，全身心地陪伴孩子，通过学习几节亲子关系课、给孩子报几个课外辅导班，就可以帮助孩子提高内驱力、缓解亲子关系的冲突。低估的是：父母无条件的爱和发自内心的接纳会让孩子的内心特别丰盈，会支撑孩子有力量走很远很远的路。然而很多人都意识不到。

上市公司会花费几百万、上千万找咨询公司做定位、做战略调整；房屋装修，我们也会找装修公司进行全屋定制；即便买辆车我们都要找专业人士去咨询一下汽车的性能、性价比等，但是对于孩子教育这么重大的课题，我们却总想着"自己上"！我不否认父母为了孩子可以放弃事业、放弃工作的决心，但是我并不鼓励这样做。**因为当你放弃的那一刻，你的能量就可能会呈现出递减趋势。我认为，富有感染力的妈妈，更容易培养出成功的孩子！**在养育的过程中，我们也要养成"外包思维"，把专业的事交给专业的人来处理，而不是用几年的时间去武装自己的头脑，自己去摸索。因为当你摸索出来的时候，可能已经错过了孩子的最佳成长期，甚至是升学黄金期。

在我成长的过程中，还有一个关键词就是"跌跌撞撞"。我是在初二的一节体育课上，听到班里两个女同学说她们一定要考重点高中。这时，我才恍然大悟，原来大家都是奔着考高中的目标在努力。于是，我才开始发力。我曾经不止一次地想，如果没有那节体育课，或者我没有听到她们之间的对话，是不是我初中毕业就步入社会了？那虽然未必是糟糕的选择，可是如果让我选择，我更喜欢现在的状态。

我偶尔会和我妈妈说，她是幸运的，因为她在不知道如何养育的情况下还能得到来自身边人的赞美。但我想说，作为父母，不要把孩子的成长当成一种赌注，虽然不是每个孩子都一定要上名校，但是一定要让他们在知情的情况下去做选择。

我专注 9～16 岁青少年的升学规划，小升初、初升高是我重点研究的课题，因为这两个节点以及两个节点背后的规划、积累、开发，会很大程度上影响人生的高度和深度。

感谢您读到这里！祝愿每位读者平安、健康、喜悦、富足。

拥有一群有**同样价值观**的朋友真的**特别重要**。

欧阳叶

- 1998 年，开始创业，在珠海、北京创办婴幼儿潜能开发研究会、亲子家庭教育咨询中心
- 2005 年，获得北京大学和美国约翰霍普金斯大学遗传天赋研究培训证书
- 2019 年，成为“中国幸福家庭计划”首批专家，研发出中国式幸福力 52 个成才指导工具

非学霸的成才之路

望子成龙是大多数父母的夙愿，但“二八定律”却是一个事实，80% 的孩子成不了学霸。

作为一个从业 25 年的亲子家庭教育者、婚姻与家庭杂志社“中国幸福家庭计划”的签约教育心理专家，同时作为一个内卷出圈的海淀黄庄妈妈，在培养自己孩子的过程中都走过怎样的弯路，又是怎样让自己的非学霸孩子通过规划，逆袭成才的呢？

初为人母，我和大多数人一样，以为带孩子是一件轻而易举的事。可到孩子出生却发现，事实并不是如此。那时候一系列的事情：孩子出生以后听力没反应、大便不正常、黄疸、哭声不够洪亮等都让我手忙脚乱。总之，看到孩子和想象中的不一样，我就开始胡思乱想。虽然周围很多人支持和帮助我，但我却觉得他们都不能真正地同理我。我当时并没有意识到，我在经历产后抑郁症，直到后来我发现自己很敏感，动不动就流泪……

好在我有很多志同道合的专家朋友，在他们的帮助下，我开始认真整理自己的情绪。我想要培养一个优秀的孩子，所以才异常在意孩子的每一个细节，但是，我应该接受每一个孩子都是不一样的。后来我用摄像机拍下孩子很多成长的瞬间，去发现孩子的每一步成长，抑郁症也不治而愈。

在这个过程中，以及在后来养育孩子的过程中，我发现，**拥有一群有同样价值观的朋友真的特别重要。**这也是我之后引进美国《正面管教》原版视频时，积极组建家长学习小组的初衷。

随着孩子慢慢长大，我接触到越来越多与她同龄的孩子。**后来，我培养出很多不一样的孩子，我才体验到老师就像园丁一样，需要不断地修剪枝丫。因为孩子的发展不一定完全能够如我们所愿，孩子的教育也不可能十全十美。**

孩子出生前，我了解了当时不少天赋测试，也参与了北京大学以及美国约翰霍普金斯大学的遗传与天赋方面的研究学习，但无论孩子的天赋在哪，首先得为了孩子提供一个好的环境。我认为，眼见耳闻都不如自己亲身实验。

作为一个早期的教育工作者，我知道不同感觉对大脑的影响，于是精心选择了 5 个国家的经典民谣和中国传统文化中的雅言韵语，从听觉上培养孩子的语感和美育。结果，孩子不到 3 岁就已经会自己对对子，这为她小学时写下近百首传统诗词打下了基础。

为了丰富孩子的美育感受，我会选择一些好的视频或儿童电视节目，满足她的视觉发展。在机缘巧合之下，我发现她对中国戏曲很感兴趣，她可以专心地看完个把小时的少儿戏曲节目，于是我给孩子找戏曲老师，让她接受系统的培养。5 岁左右，孩子已经学会七八个戏曲片段。孩子在传统文化方面的熏陶，为她后来的创作增添了许多灵感。

为了培养孩子的动手能力和思维能力，我设计了一个思维玩具柜，玩具柜里包括语言思维、数理思维以及各种常识和科学思维玩具，孩子只是经常拿着玩具在玩耍，我并没有刻意去干预，在动手的过程中进一步表现出自己的兴趣和天赋。在这个过程中，我发现孩子对数字的敏感度不太突出。但这影响了孩子后来的数学学习，而数学又会影响物理和化学。之前提到孩子的潜意识强，但在学前甚至是小学阶段，她做数学题很多时候竟然都是靠蒙的。我想，如果早期刻意强化一下她对数字的感觉，也许有可能改变这个短板。但早期的忽视，让她在经历小学数学的挫败后，彻底失去了对数学的兴趣。

直到初中，我想各种办法让她拜见很多有趣的科学家，参加各种科技活动，如编程、机器人、虚拟现实等，虽然理科成绩不尽人意，但好在不影响她对科技发展的兴趣。她喜欢游戏，我没有完全限制她玩游戏，以至于 16 岁的她能在她的生命教育中，运用元宇宙技术去设计游戏活动。

早期为了培养孩子的表现力，我除了家庭课堂邀请小朋友一起游戏，也会带着小朋友一起在社区以及博物馆等公共场所去开展活动。因此，孩子爱上了舞台表演。她甚至因为“汉字剧”的表演被苏格兰语言培训中心邀请在第70届“爱丁堡国际艺术节”去给英国老师表演。孩子也会在社区组织她成立的乐团的小伙伴去表演节日节目。有一次她生日，我特地邀请了几个同学表演当时她特别喜欢的音乐剧《冰雪奇缘》的片段。后来孩子无论在小学，还是在初中的音乐课上，有很多看音乐剧的机会，这为孩子学音乐剧埋下了伏笔。

在中考这么重要的人生关口上，孩子要选择音乐剧，是因为那时在他们学校隔壁的北京大学，有个针对学生的音乐剧比赛。当时，我们以为音乐剧比赛只是写一个剧本而已，没想到还要拍成视频，结果孩子首先联系她在学校创办的“昆曲文学社”社团，因为人数不够，她就联络学校的音乐剧社团，最后编排出一个十几分钟的小视频。此后，孩子一发不可收拾，死心塌地想学音乐剧。

最后，我们达成一个约定，初三上学期，她要保证在跟国外老师学习音乐剧的同时，还要自学文化课。为了让她体验学习音乐剧的辛苦，我给她报了一个线下6天的音乐剧集训，从早上不到6点钟出发，晚上10点钟才回来。我原以为孩子吃不了这个苦，没想到她还是顶住了，坚持要学音乐剧。初三的最后一个学期，回归学校，按照约定，她要顺利完成初中阶段的学习。我再三告知她，**如果偏离大多数人走的路，虽然有可能成功，但一定是风险最大、最辛苦的一条路**。孩子还是依然选择了一个艺术院校，这个学校的校长是中国最早一批从事音乐剧的人之一。

在艺术中专，她选修了一年音乐剧表演、一年编导，在这个过程中，因为作品需要，她学了一系列的心理学课程，这为最后选择的应用戏剧又奠定了基础。2021 年，她的作品得到“英国新作者之夜”的排演机会；2023 年年初，她得到美国加利福尼亚州一个导演的邀请，去加利福尼亚州参加他们《生命教育》的工作机会。

孩子因为自幼学习中国传统文化，几次出国传播中国文化，她明白中外文化的差异。而在和众多专业老师进行交流的过程中，她立志在世界应用戏剧教育的领域中，做出符合中国人价值观的心理戏剧，帮助青少年解决他们成长中的困惑。她不仅仅局限于学习，更是在广泛地将她所学、所作应用于实践。她不仅教孩子，还曾经给一个百年老校的骨干老师举行心理剧体验活动，也就是说孩子高中没毕业已经拥有工作机会了。

在很多孩子一心只为升学而忙碌的时候，她已经开始在她喜欢的领域中钻研、学习，所有这一切，因为是她所热爱的，她的内心充满了激情。

我在这期间寻师访友，除了帮助自己的孩子完成了她的规划，也积累了很多资源，帮助不少孩子走上他们的兴趣发展之路。随着科技的发展、文凭的贬值、人口出生率下滑等各种社会现象的出现，我们的教育行业也发生了很大的变化。

我觉得孩子的成长规划，首先，要得到一个有格局的专业教

育工作者的指导。所谓格局，就是教育规划者的知识有一定的广度，教育的孩子有一定的年龄跨度（如教育规划者要了解青春期孩子发展的特点），而且在教育的专业中还要有一定的深度。

其次，教育规划者能清晰地梳理孩子身边的资源。无论是孩子的天赋资源、特长兴趣，还是家庭资源、社会资源，甚至包括孩子所生活的地域，教育者都需要有一定的认知。必要时还能赋予孩子资源。

再次，孩子的成才一定是结合社会未来的发展需求的。尽早了解孩子的天赋，把孩子的兴趣发展成特长。对于孩子的不足，尽早干预，强化训练。对于那些实在不能补齐的短板、弱板，就转变思路，大力发展优势和兴趣。当然，最重要的是教育规划者还能与时俱进地明白未来发展都需要什么样的人才，这样的规划才不会偏离大的方向。

在我过往的咨询个案中，哪怕是所谓的学霸，他们身上的问题也层出不穷，之所以会这样，往往是因为他们对自己的目标不清晰，大多数孩子把考试分数和考取学校作为最终目标。这或许就是出现“抑郁症”学生和“空心病”学生的原因之所在吧。

我认为，之所以会出现这样的情况，恐怕也与孩子从小缺乏幸福力的培养有关。和国外不同的是，中国人对幸福有着自己的诠释。自 2019 年我成为婚姻与家庭杂志社“幸福研习社”首批签约的教育、心理专家，我研发的“1 日 1 游戏，幸福 365”亲子活动中，让孩子和家长通过游戏互动，提升各自的幸福感。这样的亲子游戏，不仅可以帮助孩子培养幸福力必需的积极习惯的建立，而且每天一个游戏的互动，也能够帮助家长高质量地陪伴孩子，从而发现幸福、创造幸福，为共同建造一个有幸福力的家庭奠定基础。

随着社会的快速发展，我们培育孩子会有更多不确定的因素出现，但无论社会怎样发展，拥有幸福力不仅是非学霸，也是学霸孩子以及家长都需要的最基本的能力。

设计未来 通往名校之路

激发与引导永远都应该大于企图和期待。

崔海玲

- 多家少儿科技培训机构高级合伙人
- 战略指导专家
- 高级心理咨询师
- 家庭教育指导师
- 国内首批升学规划指导师

通透明亮的妈妈才能带出自律高效的孩子

每个妈妈都希望家里有一个自律的孩子，往往有这样期待的妈妈自己本身就很不自律。

心理学家威廉·詹姆斯说：“人类最深处的需要，就是感觉被人欣赏。”当妈妈提出这样的期许时，内心深处就已经给孩子贴了一个不自律的标签。孩子需要被欣赏的需求没有得到满足，滋生自律就很不容易。在以往的案例里，这样的情况几乎每一天都会发生。通常我会跟妈妈们说：“先对自己的灵魂做一下拷问，你够自律吗？”往往这个时候，妈妈们都会陷入既想解释，又略显深沉的纠结和矛盾中。自律本身就很难。家长们都希望自己的孩子自律，但这并不是一件容易的事情。通常家长们的期待越多，孩子越容易向相反的方向走。激发与引导永远都应该大于企图和期待。读者在读到此处的时候，不妨认真思考一下这个问题：“你够自律吗？”这个问题被抛出来的那一刻，你本能的反应是不是想去解释：我这么努力工作，这么辛苦地养孩子，我多自律啊。那我们不妨也站在孩子的角度想一下，当我们对他有自律的期待时，他的本能反应是否也是想辩解呢？为什么不管我怎么做，妈妈都觉得我不够好？

教育应该是在“润物细无声”的滋养中以及不断自我修炼的过程中形成的。孩子潜移默化地效仿，并从中汲取能量的过程，本身就是很好的教育。当一个妈妈已经没有了能量，孩子又谈何学习力，更谈不上自律。一个高能的妈妈，有能力让孩子获得自主前进的动力；一个高能的妈妈，不是处处施展自己的权威，而是通过托举孩子，信任、支持、鼓励孩子，只有这样，孩子才更容易对自我进行管理。

能量，看似很虚，实际上却无比强大。它看不到，摸不着，却是一个人的精神内核，是一个人行走的名片。一个好妈妈的气场可以带动全家的能量磁场，可以让孩子在身处逆境时却不忘志气，看似外表温和实则充满锐气。

在我将近 15 年的职业技能培训工作中，日常接触的大部分学生都是文化课相对较弱的。这些学生的家长想通过让孩子学习一门技术就业的需求特别迫切。但当深入地了解这些孩子的时候，我们会发现，很多孩子从小就缺乏科学的引导，更没有因材施教的环境，也没有合理的规划，进而导致孩子信念的缺失。因为内心没有目标，部分孩子就选择沉迷于网络游戏。当一个个鲜活的生命出现在我眼前时，当提及父母内心对他们健康和幸福的渴望时，我看到了他们身上的光和内心希望改变的动力。孩子们总会有隐藏不住的内疚和自责，只是他们羞于表达，不懂该如何去走人生的路，缺了一些笃定，多了一些割裂和迟疑。所以，我每次跟孩子和家长一起沟通的时候，都会对孩子说："你父母的愿望很简单，只要你将来有独立的生存能力，有自己快乐的能力，他们就心满意足了。"养儿防老的需求早不是现在父母的唯一需求，而健康、快乐成了很多普通家庭的基本需求。当孩子不能建立自己的信念、目标，内在的能量不足的时候，他们就很难沉浸到学习中去。他们玩游戏可以得心应手，但真正静下心来去钻研一门技术时，就会很吃力。我对此感到惋惜，也为他们感到遗憾。如果这些孩子在早期被很好地因材施教，能提早规划好，他们的父母能够早一点觉醒，家庭的能量补给充足，我想他们的人生一定会是不一样的状态。同样，当我们深度观察大部分父母的状态时，往往都是懒散无力、得过且过。他们的耐心不足，不能够静下心来听一听劝告。即便他们带着期望，却也很难摆脱没有目的地刷手机、看短视频。此外，还有一部分家庭财力雄厚的父母，他们普遍认为，只要有钱就可以走捷径。因为在日常家庭教育中缺乏正确的人生观、世界观、价值观的引导，所以很多父母在财富积累的过程中显得轻而易举，但想要有一个积极上进的孩子，却成了一种奢望。

在近几年少儿培训业务工作中，我接触到更多的认知高、能量足的家长，但他们依然会对孩子的学习态度和日常行为习惯感到苦恼。

《孟子》云：“夫志，气之帅也；气，体之充也。”当父母能量补给不足时，孩子内心没有志向，就无法激发自身的潜力。如果父母在孩子很小的时候能够意识到这个问题，下意识地去吸收正能量，去修炼自己的正气，能够通过能量的场域让孩子在遇到困难时笃定家庭的力量永远是最好的支撑，那么孩子的潜能将会被激发出来。在孩子们遇到困难时，他们的大脑将会自动调取能量。当矢志不渝的精神被历练出来，孩子必将有所成就。

我认为，解决的办法是每个妈妈迫在眉睫想要的。在孩子的学业、成绩出现问题时，这样的需求就格外明显，但当孩子其他方面有所表现时，却很少有父母真正看得见这样的需求。这就导致很多时候，孩子成绩好能掩盖很多问题，孩子成绩差反而可以激发出父母对孩子教育的觉醒。这样看来，如果家里遇到了一个阶段性成绩差的孩子，对父母来说反而是个好事。科学合理的学业规划，针对不同孩子的兴趣特长，结合他们的优势智能进行科学的评估规划，让孩子活在优势里，让孩子在漫长的学习生涯里始终保持顺其自然的心境，需要的是父母的支持和持续的修炼。

我相信，明心见性的父母，一定能够滋养出自律上进的孩子。

在我自己养育孩子的过程中，我潜意识里把自己所从事的职业和所思考的维度持续地渗透进来，收敛自己的主观臆断，对孩子多一些接纳理解，少一些指责抱怨，效果非常显著。都说多数老师教不了自己的孩子，但对我来说，帮助学员规划，帮助家长提能量确实不难。教自己孩子知识的确很难，但是滋养一个自律上进的孩子却不是一件很难的事。在这里，我总结了以下要点，希望对读者有所启发。

将读书学习变成一种正向的习惯

小时候，为了培养孩子的阅读习惯，我每天晚上都会陪着孩子进行亲子阅读。家人总说："这么小就开始学习，孩子太累了。"那一刻我大脑里滋生的想法是，玩就不累吗？读书完全可以跟玩一样有趣，我只要把它变得有趣就可以了。带着这样的诚心正念，读书真的就成了一种习惯。如今，孩子能轻松读一些国学经典书籍，这种无痕的教育带来的成长是快乐的。

将不满意的环境变成锤炼孩子某方面能力的平台

小时候，家里人较多，当孩子玩积木、搭乐高时，总会有人干扰；当孩子读书、学习时，总会有人来打断。诸如此类的情况，时有发生。我认为，这个阶段是锻炼孩子专注力的最好时候，所以，我就会向孩子示范如何专注于自己的当下，不关注别人的打扰。遇到这种情况，我会说："宝宝踏踏实实地玩，不想喝水就不喝，不用管别人说什么，安安心心地做你喜欢的事就好了。"起初，这样的情况会引发很多家庭矛盾，但如果妈妈能够修炼出遇到问题、解决问题的能力，内心笃定要引领孩子用正确的方式做正确的事，长期下来，家人也会有所改变的。这需要耐心和坚持。当孩子长大之后，底层的能力将超越很多身边的孩子，那一刻父母会很欣慰的。

温柔陪伴、全心地接纳是最好的良药

不是每个妈妈都是超人，也不是每个妈妈都要把孩子的知识都学一遍。要相信爱可以治愈一切。要知道，当自己的能力无法支撑孩子的时候，家人的温柔陪伴和接纳是最好的良药，即使文化程度不高，一样可以培养出优秀的孩子。可如果缺乏觉醒的意识，即便是高知的家庭也未必就能培养出优秀的孩子。

接纳自己的小情绪，建立良好的亲子关系

当烦心事消耗了自己的能量时，强撑不是最好的良药，接纳自己的情绪，坦诚地跟孩子沟通，也许孩子能够帮到你。困扰时，迎合和苟且不是解决问题的态度，反而会给孩子带来不好的示范。坦荡的心态会让问题得到更好的解决。

这些都需要妈妈有强大的能量内核。妈妈在日常陪伴家庭和给孩子做学业规划时，往往在提升能量上下的功夫偏多，但这个时间是值得的。

我相信，通透明亮的妈妈会滋养自律上进的孩子。希望每一个妈妈都能拥有通透明亮的人生。

很欢迎跟大家一起探讨交流。

设计未来

通往名校之路

用**智慧**启迪**智慧**，让**能量**传递**能量**。

孙响珍

- 睿臻国际教育创始人
- 易可特择校联合创始人
- 瑞珍国际文化创始人

唯有道路对了，才能找到生命的甘甜

在磨难中成长，在苦难中发芽

我出生在一个偏远的小农村，父母都是农民，家里有 3 个妹妹和 1 个弟弟。为了生计，父母常年在外打工，他们并不能照顾到家中所有的孩子，于是 12 岁的我和 8 岁的二妹就成了留守儿童。留守儿童的日子并不好过，当其他小孩放学回家吃上热乎乎的饭的时候，我和二妹回到家里，需要自己去捡柴，烧火做饭。遇到下雪天，柴比较湿，点着火都需要很长的时间。“饥肠辘辘”这四个字似乎贯穿了我的整个童年。

有一次，我们拉了满一车的油菜杆，刚从姥姥家出发不久，天就下起了暴雨，不多会儿，路开始泥泞起来，那时离家还有 4 公里。我在前面使劲拉，二妹在后面使劲推，可是车轮越陷越深，粘的泥巴越多，轮子在混合着雨水的泥土里，越吃越紧，后来，彻底不转了。我们不得不用手挖掉车轮上的泥巴，一米一米地往前挪。在饥寒交迫之中，我和二妹支撑着巨大的车，悄悄地留下了泪水。之后我们再去姥姥家，就很害怕下雨天。因为很害怕那种没有人对我们施以援手，只留我们两个在黑暗中行走的感觉。

在黑暗中寻光，追光前行便有了温暖

时光流转，在这样的环境下，我们慢慢长大了。后来，三妹、四妹陆续上了学，我凭借着自己的努力也考到了县里的重点初中，后来又考上了重点高中。但是家里的劳动力只有爸爸妈妈，他们的负担太大了。父母正愁的时候，二妹突然说不想上学了。听了她的决定，我的心中百般不是滋味，甚至还批评过她，但后来才明白二妹的良苦用心。她是为了把读书的机会让给我啊！于是从那个时候开始，我便把用心读书当成了唯一的出路。我努力拼搏着，每当觉得有过不去的坎的时候，我就想着二妹，想着她对我这个姐姐的好与谦让，想着父母的付出与无私，慢慢地将学习上的苦水咽下去，继续前行。

磨难何足惧，迎面万事达

山外总有山，人外总有人。后来，我成了村里的第一个大学生，但那一口浓重的乡音，在大城市里尤显突兀。记得大学的第一节语音课，一袭卷发、打扮洋气的美女老师 Crystal 给我们授课，同学们在老师的表扬声中，站起坐下。轮到我发音时，老师先指导了我几遍，但我次次发音，次次念错，我窘迫极了。幸好老师并没有觉得不耐烦，她走到我身边，耐心地对我说："你舌尖抵上颚，说老师的师。"我一遍一遍地学，老师一遍一遍地教，可每次的发音都有偏差，最后我才意识到，是因为我平翘舌不分的缘故。**但苦难向来打不倒我，那段经历倒是给我留下了为人师的优美与魅力，在我的心中种下了成为校园园丁的种子。**

于是，倔强的我便开启了长达 3 年每天早晨 5 点起床的自学经历。我在校园里大声读英语，参加类似疯狂英语的组织，坚持复习、模仿，不断蜕变。最后，我的语音得到了很大程度地改变，普通话也在不知不觉之中得到了矫正。

先知人生方向，再向前方进取

在老师的影响和自己的努力之下，我凭借着自己系统专业的英语知识体系，做起了高中英语家教。由于口碑不错，后面就陆续带起了毕业班，再到后来，我更是带起了托福、雅思、SAT 等考辅班。

大学毕业后，我做了 4 年多的英语培训，攒下了些许积蓄，给父母置办了一套 3 层小洋楼，期间又一直支助弟弟妹妹读书，生活也是捉襟见肘。最后，我萌发了创业的想法，于是开启了创业生涯。

但是，我刚在北京海淀黄庄租了办公室，准备白手起家时，却陷入了第一次危机。但好在机会总是留给有准备的人。在 2020—2022 年，我们开始做公益外文外教直播课，盘活了很多资源，我们凭借口碑和靠谱、踏实的精神，逐步做强做大。3 年间，我们又开了 3 家校区。之后，更是成立了自己的国际学校择校公司、留学语培公司。在自己的能力范围内，成就了一批批的学员，收获了无数粉丝。

十年经验积累，终得成绩微显

10 多年的经验积累，让我对英语领域的教育有了自己的一些见解。这些年里，我编写了不少机构的内部辅导资料，也写过很多学习英语的方法论。我深知英语学习背后的逻辑，也逐渐形成了自己的一套学习体系，现将自己的一些理念分享给各位读者。

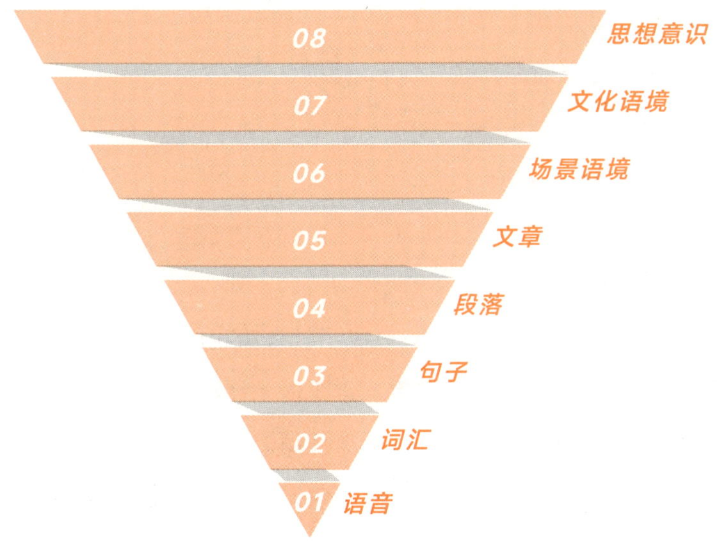

这个体系主要涵盖了语音、词汇、句子、段落、文章、场景语境、文化语境、思想意识。前五项语言，就是我们标化考试要解决的核心，每项都有相应的解决方案和落实工具。在找到并解决核心本质的问题后，我们标化、托福、雅思、A-Level、Ap 等的培训提分率达到 95% 以上。在进一步解决学生的上层建设后，他们的精神生活便在无声中富足了起来。

作为一个老师，这个时候我的心中理应感到非常欣慰。可是，我却并没有这样的舒适感，因为我的角色是校长，是一个领导者，另外有 5% 的学生我还需要负责，还需要为他们做出考虑和规划。

我遇见过各色各样的学生，在与家长和学生们交谈过后，我总会发现，**教育的最终落点，在于养成良好的学习习惯，在德、智、体、美等方面都养成良好的习惯。**

于是，**我们本着践行公司“有方法，有温度，有成效”的使命理念，本着做有情怀的教育的目标，不断学习，提升能量、格局，用智慧启迪智慧，让能量传递能量，力求每一个学生的教育都得到全面的关注。**

近年来，学生的心理问题也成了教育给我们留下的一大难题。我们每年遇到不少患过抑郁症、自闭症、暴躁症的孩子。举个令我比较骄傲的例子，A 同学是患过暴躁症的孩子，高中休学在家一年多。一个很久没有学习的孩子的学习能力是很低的，而遇到困难时想放弃的概率又是十分高的。所以，与其他学生相较而言，她学习起来更有难度。她的情况总让我想到大学时因为自身的欠缺，而起步低于其他同学的自己。于是，我也学着 Crystal 老师当年的做法，不急不馁，因材施教，给她匹配了陪伴式学习法。我亲自教学、辅导和陪伴，鼓励她往前走。慢慢地，她的学习时间加长了，心也能踏实下来了。经历了 3 个月左右的时间，这个孩子的托福考了 80 多分，这样的成就对她与我来说，都是不可思议的。

国内外教育有别，升学规划助你看清前路，实现跳级发展

针对我多年来对国内教育和国际教育的探究和规划，以及参与和服务了上千家庭的升学规划的经历，我想在这里同各位分享下主流的规划路径：（1）高考途径。（2）国际学校。（3）先公立后国际。（4）出国留学。（5）高考留学两条腿。（6）中外合作办学。

其中规划难度较高的，是先公立再国际的路径。比如本来规划孩子小学在公立体系读完，初中进国际学校，却在三四年级的时候，要转到国际方向的小学。还有本来打算参加完中考后，再进入公立国际部的孩子，由于在初一、初二时扛不住国内方向的作业压力，所以选择临时改赛道转到国际学校。甚至还有不少学生在公立高一、高二时，往国外方向转。这类学生，有的是看不到未来的升学希望，也有成绩比较好的，想去冲刺世界名校。其中林林总总的缘由，不外乎是家长看到当下的教育状况，想要匹配适合孩子的学习方式、方法、环境和文化，想给予孩子最好的帮助，让孩子取得相应的成就。

在这里，我想分享一个改赛道实现三级跳的案例。学员 B 在公立学校上高一的时候，由于学校的学习环境和氛围欠妥，就经常称病在家，不愿去学校。这样过了一年，她的成绩就成了学校垫底。家里人都不知道该怎么办。后来，经朋友介绍，家长找到

了我们，希望我们能够帮忙做些规划，并提出相应的解决办法。通过对孩子的测评分析和了解，我们给其匹配了国际学校，让她做备考，以冲刺比较好的国际学校。与此同时，我们还为她做了留学申请方面的背景提升以及竞赛等全面规划。最终，她在英美混申中取得了英国 G5 和 QS 排名前 35 的美国院校。最终，她被录取了。录取通知接到手软的那几天，家长和学生都喜极而泣。不久后，家长决定让 B 同学的妹妹也准备申请美国高中，和姐姐一起去美国读书。

而类似这种的案例比比皆是。

于我而言的“教育心的变化”

现在的教育，和之前有很大的不同，教育规划的方式趋于多元化，教育升学的途径也更多元化。多样的选择，满足了不同性格和学习习惯的孩子的需求，而我们便是帮助他们寻找到适合自己的赛道的那一批人。当家长与老师都能够看到当下的孩子的状况，匹配适合孩子的学习方式、方法、环境和文化时，适时地给予孩子们最好的帮助与支持，孩子最后才能取得最好的成就。

教学与教育，两者之间的界限对我来说逐渐变得模糊。我不再满足于仅仅作为知识的传授者，更愿意成为学生们心灵的引路人，帮助他们建立正确的价值观，发展全面的个性，培养坚定的人生态度。

面对未来，我不敢说已经做到了最好，但我知道，我在不断进步。这条路，不会孤单，因为我带着家人的支持、同事的陪伴、学生的信任，一起前行。

当我回望这一路的足迹，虽有泥泞，也有花香。我感恩所有给予我支持的人。我会持续承载着那份给予我最初启蒙的责任与信念，带领团队和学生们朝着光明的未来继续奋斗。

设计未来

通往名校之路

我们一路向阳，
我们光芒万丈！

陈思思（思思老师）

- 北京公办名校教师
- 上市公司最受欢迎的网红名师
- 北京大学教育发展高端人才

语文应该这么学

经常有家长问我，语文到底应该怎么学？孩子读了很多书，但阅读分数不高怎么办？孩子作文不会写怎么办？孩子对语文没兴趣怎么办？

我曾是北京人大附某学校公办在编教师，北京名师工作室成员，也曾是国内多家 TOP 级上市公司语文名师。我在顶级的公立学校教过书，也在公司上过千人以上的班课，既有北京家长每年花高额费用跟我学习，也有全国各地上万名家长和孩子免费听我的公开课。

针对众多家长困惑的问题，我想传递几个理念：语文不等于语文考试；读书不等于阅读分数；写作不等于应试作文；兴趣是可以随时变化的。

语文不等于语文考试

语文是和语言、文字、文化等相关的宽泛的概念，兼具工具性和人文性。语文不等于语文考试。语文考试是一场四人（命题人、创作人、答题人和阅卷人）玩的游戏，其背后的大领导是命题人。我认为，当下的考试已经是一个非常成体系化的游戏。

如果我们的目的是提升孩子的语文学科分数，那么重心可以放在琢磨考试的底层逻辑上，即研究命题规律和趋势上。越是高年级的孩子，越需要了解这种底层规律，而不是盲目地进行学习。小学语文考试的核心在于字词等基础知识，家长可以培养孩子的学习习惯，并让孩子自由、自主地大量阅读，不需要过多在意分数。初中语文考试的核心在于课内知识是否扎实，阅读理解有没有基本的答题要点等。这个阶段，孩子依然可以进行大量的阅读，只要答题术语规范，字迹工整，得分应该差别不大，而且可以短期内提高学科分数。高中语文考试的核心在于是否理解命题者的逻辑，题目考点是否明晰，议论文是否有思辨性。整套试卷难度系数陡增，大部分孩子都处于及格分上下，想要达到 130 分及以上，需要把侧重点放在研究考点上。

现在小学阶段还流行“大语文”这个概念，其实就是希望利用孩子记忆的黄金时期，大量背诵优秀的古诗词，潜移默化地影响孩子。随着科技的发展，我认为语文不需要过多死记硬背，拥有快速汲取重要信息和独立思考判断的能力更为重要。

读书不等于阅读分数

有些家长总疑惑孩子读书多，为什么阅读题做不对；或是孩子不怎么读书，阅读题能不能做对。其实，读书和阅读分数是两个概念。阅读不是理解创作者的意图，而是理解命题人的意图。

最近有一个北京海淀的初一学生的妈妈非常焦虑，她问我一道题：我们可以把《朝花夕拾》中的人物理解为“花”，有的“花”可亲，有的“花”可憎，有的“花”傲然……请你撷取其中的一朵“花”，结合相关内容谈谈这朵“花”为什么给你留下了深刻的印象。（100 字左右）（5 分）

这是一道 5 分的名著阅读题，孩子得分 0，妈妈批注扣分原因是“完全没有读《朝花夕拾》”。可实际上，孩子明明花了很多时间读这本书，学校课堂上也认真听课了。于是家庭爆发了巨大争吵，孩子觉得冤屈，家长觉得孩子说假话。

孩子的答卷上写着：“我觉得鲁迅儿时发生的趣事如同一朵朵花，我喜欢的花是《五猖会》这朵花……”其实孩子只是不理解题目的意思，不明白“花”是人物。如果题目变成“《朝花夕拾》中有许多人物，有的人可亲，有的人可憎……请选择一个人物，结合相关内容谈谈这个人为什么给你留下深刻的印象。”那我相信孩子肯定能拿到分数。

这可是海淀的高知妈妈呀，可一旦归因出错，孩子将面临无数的委屈，还可能造成不必要的家庭矛盾。

我特别想告诉家长们，分析试卷务必要归因正确，和专业老师进行具体沟通，而不是盲目地下判断。当下的阅读题目，早就换了一套规则。即使父母是高学历人才，也不能保证在语文这个专业领域内就是专家，也不一定能够教好自己的孩子。

就读书而言，部编版教材有明确规定的必读书目，孩子按照要求阅读，甚至有些书搞定常考考点即可。其他时间，孩子完全可以选择喜欢的书籍来进行阅读。**不要把阅读和考试挂钩，否则孩子很容易丧失读书本身的乐趣。**

写作不等于应试作文

作文，是大部分家长头疼的点。其实，写作不等于应试作文。**家长要想清楚孩子要什么，或者要培养孩子什么。**

就应试作文而言，要从评分规则入手。小学和初中以记叙文为主，重点在详略得当，语言优美。高中以议论文为主，重点在立意准、新、深，语言只是锦上添花。这个问题，高一的孩子家长困惑较多，因为涉及从记叙文到议论文的巨大转变，评分标准变化了，但孩子并没有意识到，重点全部放在语言和素材上了，于是在错误的道路上越走越远。

甚至有部分家长觉得孩子是因为字写得不好，所以作文分数才低。那是不是给孩子报个书法班就能解决问题了？其实不然。

毕竟写作文不是书法比赛，我们不要本末倒置。**家长们需要抓住核心问题，解决主要矛盾。**

如果孩子年龄还小，我真心建议家长鼓励孩子可以自由地写作。哪怕刚开始孩子只是记录自己的梦，即便有错字语病，也不要打击孩子，让孩子不被考试思维所束缚，不被评分规则所绑架，不被外人评价所左右。家长可以专门准备“文学本”保留下来，说不定孩子未来可以成为作家呢。家长们记得要保护孩子的写作欲。

同时，我也会帮助我的学生把他们的作品发表在杂志、报刊或者微信公众号“思思语文”上，共建文学基地。

关于家长关心的“叶圣陶杯”等比赛，如果孩子喜欢写作的话，可以鼓励孩子去参加，但不要一味逼迫孩子去参加。毕竟这种比赛对中、高考或者升学意义已经小了很多。如果为了得分考虑，那就应该重点培养孩子的应试作文写法；如果只是为了培养孩子的兴趣，那就不要太在意这些比赛。

兴趣是可以随时变化的

我们总说“兴趣是最好的老师”，每一个孩子天生都对读书、对新知有巨大的兴趣。然而随着时间的变化，大部分孩子对语文学科反而失去了兴趣。这是为什么呢？也许是因为某个语文老师，也许是因为语文总得背诵抄写，也许是因为某一次不理想的成绩……

总有家长问我，孩子对语文没兴趣该怎么办？我的回答是："兴趣是一个很虚的东西。也许一个老师就能改变孩子对一个学科的兴趣，也许某句话或者一个新的观点就改变了孩子的兴趣，也许一次考试分数就改变了孩子的兴趣。"

我有太多这样的学生案例了。北京市十一学校的一个男孩，高考前听了我的四次课，语文成绩从 90 分提高到 122 分，最后考上了北京航空航天大学。10 年后，他表妹又找到我学习语文。河南一个男孩的小姨听了我的网课，自己考上教师编，然后这个男孩高考前最后两节课找我辅导，语文成绩从 91 分提升到 121 分，考上四川大学，之后又让五年级的弟弟听我的课。山东的一个男孩听了我作文公开课，突然顿悟，语文成绩也慢慢提升……缘分总是妙不可言！这 10 多年来，我线下线上辅导了几万名学员。其中令我印象最深的有两个孩子——乐乐和芮珂。

乐乐，北京四中的一个男孩，偏科极其严重，具有典型的理工科思维，总和我说语文太无聊了，没意思。高一时，他的语文分数在 65 分上下，在跟着我学习了一段时间后，通过做思维导图，系统梳理考点，到了高二，语文提升至 131 分，最后选择不参加高考去了国外的大学。令人意外的是，他居然选择了俄国文学专业，之后开始和我深入谈文学、音乐和艺术。

芮珂，一个云南女孩，具有典型的文科思维，敏感、文艺气息很重。她在线上和线下表现得像两个人。在线下，她内向、不善交际，而在我的网课上，她则是意见领袖，是众多同龄人追随的偶像，还曾组建了“思无邪”群。她的语文成绩也从 60 多分提升至 131 分，最后选择报考汉语言文学专业。她曾给我写过一封信，我保存至今。

她说：“其实我并不是一个自信且优秀的人，以为自己大概会埋没在人群里，不起眼且没有可能。但后来我遇到了一个温柔且自信，亦师亦友的姐姐，她用小太阳般的性格点亮着每一个千里以外的小小星辰。从小到大，我从未对某个老师产生这样的好感，直到遇见思姨。想努力优秀，努力成为思思老师那样的人。隔着屏幕，我感受到千里之外的朝露和晨曦，自此山南水北，怀一腔孤勇，踏上远方的路。”

未来考试会更多考查到学生的三大能力：精准审题能力、情境阅读能力以及快速汲取重要信息的能力。这三点已经体现在语、数、英、理、化、生、政、史、地等科目的试卷中。**未来的考试，不再是简单地考查知识点的掌握，而是融合在小阅读中，甚至在数学题题干上增加文言文小阅读。语文是基础学科，是重中之重，希望家长们也能与时俱进，改变曾经“学好数理化，走遍天下都不怕”的理念，科学地认识语文学科，更重视孩子的人文素质的培养。**

我是陈思思，一个懂考试懂人文，同时懂教育懂孩子懂家长的宝藏老师。余生，我愿帮助相信我的家人们，在有限的生命里做有意义的事，潜心教学教研，不断深耕文化。我们坦诚相待，我们一路向阳，我们光芒万丈！

设计未来 通往名校之路

我发现，**越是向上学习**，我的能量也在一点点**提升**。

谭璐

- 北京市教育学会“十四五”教育科研课题负责人
- 中传心语 / 都睿国际教育联合创始人
- 6～18 岁升学生涯规划师
- 专注于个性化教育定制名校学业规划，定制成功率 100%，已服务 1000 多个家庭的孩子成功升学

人人都可以活出自己喜欢的样子

我出生在湖南省，父亲是当地教委的一位教育管理者，母亲是医生，我从小接受的都是非常传统的教育。父母对我的期望就是，希望我能够读好书，考一个好大学，找一个体制内稳定的工作。因为父亲对我的打压式教育，在很小的时候我就有一个特别坚定的梦想，我要离开家越远越好。

幸运的是，一直以来，我的学业都比较顺利。我人生中比较重要的一次转折是在高中，当时，我考上了一所重点中学，但父亲却给我选择了一所有艺术特色的高中，想让我走艺考这条升学路径。

那时候对于专业的选择、大学的选择，我完全没有头绪。再加上当时在高中读艺术班，我的文化课成绩加专业课成绩，一直处于第一名。所以就没有深度思考，这个专业到底适不适合自己，我的兴趣和优势是什么。就这样，我以全市第一名的成绩考上了一所 211、双一流的重点大学，当时我的文化分超过了分数线 200 多分。

大学的四年是我最煎熬的。进了大学，我发现自己并不是很喜欢这个专业。有段时间，我感觉自己特别迷茫。我的同学们不是在课外办艺考培训班，就是在琴房练琴，参加各种演出。而我那时候的爱好，就是去图书馆看与心理学相关的书，上心理学的选修课，大三时还参加了去贵州的支教。当时，我看到身边的人都在做自己本专业的事，而自己就显得有点不务正业。

后来学了生涯规划后，我才知道，我之所以会迷茫、无措，就是因为没有提前规划和探索。有调查数据显示，79% 的人在大学时想换专业，71.2% 的“95 后”第一份工作与其所学的专业不对口，77% 的职场人士从事的是自己不喜欢的工作。我也只是其中的一员而已。

人生的第一次自主选择

在大三那一年，我给自己定了一个目标——考研究生，一定要换专业考出去。当时自己开始找学校，选择专业，看到有一个师哥考上了中国传媒大学，想想自己从小也是很喜欢看文艺节目，看人物访谈节目，对传媒还是很感兴趣的，而中国传媒大学又是中国传媒类最顶尖的学府，所以我最后决定考中国传媒大学的研究生。

特别幸运的是，我如愿以偿地考上了中国传媒大学广播电视专业的研究生。来到中国传媒大学后，完全打开了我的眼界和视野。**我从一个循规蹈矩被动接受的人，到积极创建，成为一个独立思考的人。**我开始积极参加校内外的各种实践活动，去央视实习，办晚会，做文创，做音乐剧，参与明星访谈节目的录制。2011 年暑假，我还去台湾的中国文化大学参加暑期交换学习。我认为，选择一所适合自己的大学真的可以让人生少走很多弯路。我的研究生生活非常充实，也是在研究生期间，我爱上了北京这个城市。我给自己定了一个目标：未来我一定要留在北京，扎根北京。

解决户口问题，留京工作

因为太喜欢北京这个城市了，研究生毕业找工作的时候，我的第一要求就是要找一份能解决北京户口的工作。幸运的是，没有经历“北漂”，误打误撞，很快我就在北京的一所体制内的学校工作并落户了。

就这样，所有的一切都是这么顺利，在北京上学，毕业落户，有一份体制内稳定的工作。在很多人看来，这也许就是比较理想的生活了。而我在工作的第一年，就隐约感觉到，自己不太喜欢这样日复一日、一成不变的工作方式。

其实，我最开始的职业选择，受原生家庭的影响非常大。我的父母主要是在政府机关和事业单位工作，他们会觉得在体制内的才是好工作，其他的都是不稳定的工作。所以，那时候虽然自己感觉在这样的环境中不舒服，却不知道该怎么去改变。一股深深的无力感萦绕在我周边。我渐渐感受到"躺平"给自己带来的后遗症，常常开始自我怀疑，内耗纠结。我好像得到了很多，但是并不快乐。

那种强烈的束缚感，让我在选择另一半的时候，明确一定不要找体制内的，要找一个事业型的人。后来我复盘自己的选择模式，发现我清楚地知道自己不喜欢什么，而不知道自己喜欢什么。

向内探索

很多人在 35 岁左右都会进行自己的一次职业大转折。这个时候社会阅历也有一些，资源也有一些。而我是从结婚有了孩子以后才开始的。当时我家先生在经营着自己的基金公司，在我们的共同规划下，后来又做了教育公司。在起步的阶段，教育公司的发展其实是很艰难的，而那时我们对未来的方向定位又不是很清晰。中间我们焦虑过、怀疑过，矛盾最激烈的时候也想过放弃，还好公司在老公的运作下，慢慢步入了正轨。

2019 年年底，很多人的生活节奏慢了下来，我也开始尝试用一些方式，找到自己感兴趣而又擅长的事情。从 2020 年开始，我开始有意识地破圈，给自己规定每年要去认识 30 位左右不同行业里的优秀的人，能跟他们进行深度交流，向他们学习。我发现，**越是向上学习，我的能量也在一点点提升**。

在不断探索的过程中，我还学习了一些能够帮助自己察觉身体感知力的课程，让我能更加明白自己的情绪从何而来，我的需求是什么。我发现自己是一个高敏感的人，非常需要被看见，同时又是一个共情能力特别强的人。这样的特质，让我在工作中得到了很多贵人的相助，我也很愿意去帮助别人。

2021 年，我申请了一个北京市的“十四五”规划课题，是关于小学生通过戏剧社团活动提升自我效能的研究。在研究的过程中，我积极探寻一种通过课题，促进高校与学校之间的共建合作，为公立学校输送高校的师资资源，同时，带领学生去观摩中国传媒大学戏剧表演专业的汇报演出。在这个过程中，我发现孩子们的状态变得更加积极、阳光和自信了。

就在我一边实践一边学习的过程中，一次偶然的机会，我报名了田林博士的生涯规划课程。通过学习，我了解了生涯规划这门科学的发展历程，以及它能帮助别人解决什么样的问题。当我第一次听到霍兰德职业选择理论、舒伯的生涯发展阶段论时，我真的热泪盈眶，仿佛遇到了知己，这不就是我要寻找的方向吗？

我感觉这么多年困住自己的问题迎刃而解了。

为了更好地帮助自己做好职业转折，我还邀请田林博士帮我做了一对一的生涯指导。通过这次指导，我好像打开了一扇发现自己的兴趣和优势的窗口。原来，我是典型的社交型、艺术型和企业型特质，一直以来我都把自己放在一个错误的位置上，当然会让自己越来越痛苦啊。

其实，我自己就是成千上万名孩子的真实写照。为什么很多人考到名校，到大学就得了“空心病”？为什么毕业即失业？如果我们能在青少年时期多探索自己，多探索一些外部环境，是不是就不会那么盲目地选择一条路了。在我接触了很多厌学和没有学习动力的孩子后，我开始思考，我能不能做点什么去帮助现在的中小学生？我可以利用自己擅长的领域，去做职业启蒙，去挖掘他们的兴趣，让他们能够在进入大学之前做好规划，少走弯路，提升他们的学习动力和毅力。

找准赛道

当我通过探索和实践了解到自己的兴趣、资源优势、能力优势，在做课题和教育咨询的过程中也取得了一些成就后，我果断辞职，决定离开体制内。

感恩在体制内工作这 10 多年来的工作经验积累和资源积累，

也感谢我的好领导、好同事。在我进行职业转折的时候，他们也给予我很多的帮助和支持。老师们在学校内的工作真的非常繁重，需要有耐心和责任心，而有些内容和难处又不能公开去说。我特别希望将来能够通过生涯启蒙、职业探索这个项目，架构起一座学校与家长之间的桥梁，通过这座桥梁，让每一个孩子都能看到自己的优势和独特性，从而爱上学校，爱上学习。

在10多年的教育教学和德育工作中，我接触了大量6～18岁这个年龄段的孩子。此外，我先生的教育公司做的个性化定制本硕博升学规划、艺考升学的积累，也让我坚定了把青少年生涯规划和升学规划咨询做下去的想法。我希望能够让更多的孩子通过我们的项目，去了解自己，了解职业，也让更多的家长意识到生涯教育职业启蒙的重要性。

特别是现在新高考改革的大背景下，孩子的学习方式和评价体系发生了很大的变化，只有根据孩子的兴趣、天赋优势，为孩子匹配适合他的学校、适合他的职业发展环境，提前做好规划，才能让他们活出自己喜欢的样子。

设计未来

通往名校之路

特长是一个人的**能力**，而**兴趣爱好**是一个人的**动力**。

孙中伟

- 剑桥大学和伦敦大学双硕士
- 通过“玩”成为学霸，坚守“兴趣择业”18 年
- “快乐学霸养成课”主理人

如何以兴趣爱好为杠杆，拿下世界顶尖名校的入场券？——剑桥学霸的升学之路与规划之道

我是孙中伟，剑桥大学艺术、创意与教育哲学硕士，伦敦大学皇家霍洛威学院影视制作文学硕士，深耕文化创意、传媒与艺术领域 10 年。

如果你问我，我是如何拿到这两所学校的录取通知的？我给出的答案是：**兴趣爱好**。

过去几年，我一直做着一项副业，就是给想去国外读大学的同学们做辅导，教那些想要申请文化创意类、传媒类、艺术类专业的同学们写申请文书，并给他们开设“专业导读课”，帮他们提前了解这个专业的相关知识，以便更好地确定专业方向，适应未来的专业学习生活，几年下来，我辅导过的同学加起来有 100 多位。微博网友也会时常给我发私信寻求指导，也有一些机构和平台会邀请我做讲座，分享我的“升学之道”。

这时候如果你问我，我是怎么帮助同学们拿到国外大学的录取通知的？我给出的答案也是：兴趣爱好。

我相信你会感到有些意外。毕竟申请英国顶尖高校，尤其是像剑桥大学这样全球排名 TOP 10 的高等学府绝非是一件容易的事。所以，升学规划无论是对同学、家长来说，还是对相关机构和老师来说，都是一个需要严谨对待、科学处理的专业活儿。

就在准备这篇书稿的时候，我收到了两则好消息：我的一位学生的留学申请获得了“大满贯”，她申请的四所大学（包括两所罗素大学集团成员院校——伦敦大学国王学院和利兹大学）全部给她发了录取通知，不仅如此，四所大学全都免除了对她的英语成绩的要求，录取通知书中所列的其他录取条件（包括学术成绩等）也全部给予减免。我的另外一位学生也顺利拿到了“G5 超级精英大学”和“英国金三角名校”成员、全球综合排名 TOP 10 的伦敦大学学院的录取通知。这两则好消息进一步验证了我的观点。因为在辅导这两位学生的过程中，“兴趣爱好”是我最重视、最关注的一个维度。

那么，如何通过“兴趣爱好”这根杠杆，拿下世界顶尖名校的“入场券”？想要回答这个问题，我们需要对它有一个新的认识。

“兴趣爱好”不等于“特长”。

现在，我们很多家长都意识到了兴趣爱好在孩子升学中的重要作用，但大家很容易陷入一个误区，就是一旦发现孩子有某项爱好，就要求孩子把这个爱好发展成“特长”。典型的表现就是，让孩子废寝忘食地考级、参加各种比赛、拿大奖。孩子练到崩溃也不能放弃，因为“那是他的兴趣爱好”。这种处理方式往往会带来两种结果：第一种，孩子产生逆反心理，导致亲子关系陷入僵局；第二种，孩子讨厌这个爱好，今后可能也不会选择和这个爱好有关的专业和工作了。

我看过一个案例，一个参加完钢琴考级、顺利拿到等级证书的孩子非常高兴地和他的父亲说：“我终于再也不用碰钢琴了！”我对此感到深深的悲哀。我想对家长们说，何苦花费这么多的时间、金钱和精力，将孩子喜欢做的事变成令他深恶痛绝且再也不愿触碰的事呢？

我们容易陷入这个误区，是因为我们错把兴趣爱好当成孩子的一种能力。从本质上讲，**特长是一个人的能力，而兴趣爱好是一个人的动力**。

有研究表明，一个人在做自己喜欢的事的时候，会主动地、自愿地、积极地去做这件事情，无须外界的提醒或推动。

我们每一个人都有自己的兴趣爱好，比如音乐、读书、手工、游戏、运动、摄影等。以我自己为例，我小时候最大的爱好就是看电影。

我记得小时候，最喜欢做的事情就是去逛音像店和看影讯，看看店里又上架了哪些新的 DVD，又有哪些新片要上映了。无论是一个特定的领域，还是一个特定的事情，当我与它在一起的时候，我是发自内心地享受和开心。

因此，我们评判一个孩子是否爱好做某件事，**一定要看孩子是不是愿意主动地、自发地去投入更多的时间、精力去关注这个领域或做这件事，并且在做这件事的过程中，孩子是否会产生由衷的喜悦感。**

兴趣爱好在升学规划中如此重要，是因为升学规划本身是一个既需要"回头看"，也需要"向前看"的工作。**当"回头看"时，兴趣爱好可以帮助我们找到孩子最具独特性的优势经历与能力积累；而"向前看"时，兴趣爱好可以帮助我们找到孩子自驱力最强、主观意志最强烈的生涯规划方向。**

在我个人的成长经历中，得益于父母的强大支持，我从上学开始就尝试着实践自己的兴趣爱好，并坚持把它作为自己选择下一步方向的核心参考因素。中学时，出于对影视的兴趣和视频制作的强烈好奇，我自学了视频制作（那时候还属于稀缺能力），并积极给班级制作各种宣传视频和班会主题视频。初中毕业时，我还主动为班级制作了一部长达40分钟的纪念电影。高三的时候，我的成绩可以稳定考上清华大学和北京大学，但在志愿填报时，父母还是提醒我考虑自己的爱好，所以我最终选择了中国传媒大学，学习广播电视编导专业。因为喜欢这个专业，所以四年的专业学习让我特别开心和享受，我的总成绩因此连续两年位列全系年级第一，连续两年荣获了"国家奖学金"，更是主持了一项国家级大学生创新课题"汉字启蒙教育的影像应用"，这个研究课题也成了我在剑桥大学的申请文书中提到的一个亮点经历，提高了我和拟申请的艺术、创意与教育专业的对口度，成功实现了“跨专业”。

在我辅导学生的过程中，我喜欢通过和学生进行平等、深入地沟通、交流来深度了解和分析学生的兴趣爱好，包括这个爱好是怎么产生的，学生因为这个爱好做了哪些事，为何产生了报考这个专业的意愿，以及在学生的心目中，自己最理想的未来是什么样子的。当我明确了这些信息之后，我会再根据拟申请专业的具体情况和招生要求，去帮助学生设计有针对性的文书策略作为“彩蛋”，我也会把自己当前在做的项目或者过去的行业实践经验分享给学生们，扩充他们对行业的认知。我能够获得学生的信任，切实帮助他们设计出有强大竞争力的文书，是因为我坚持两项原则：**（1）以敬畏之心，充分尊重学生的兴趣爱好，毕竟每一分狂热的爱好的背后，都藏着一份严肃的专业性；（2）充分发挥我对学科、专业、行业和产业的深度理解，为学生解锁专业认知，帮助学生把兴趣爱好转化为学术优势和实践优势。**

我开篇提到的两位成功拿下名校录取通知的学生，申请的都是传媒专业。一位（小甲）对韩国流行音乐有着强烈的兴趣，从英国毕业后想去韩国深造，进入流行音乐领域；另一位（小乙）热爱表演，未来想去美国深造，进入戏剧和影视领域。通过深度交流，我了解到小甲做过研究课题，研究韩国的文化是如何通过流行音乐传播至全球的，还策划过韩流音乐与 AI 融合的商业策划案；而小乙在几段戏剧和影视表演的经历中，会去思考女性的话语权在一个以男性为主导的戏剧圈和影视圈中如何被体现，能否通过角色诠释与表演创新去发出属于亚洲的女权主义声音。不难看出，这两位同学的爱好都引导他们收获了很有竞争力的经历和独特的思考，加上我从专业角度的点拨和具有针对性的文书策略设计，就可以形成足够有竞争力的申请书了。我清楚地记得，小甲拿到录取通知后还开心地发朋友圈说，真的没有想到，追星追成“精”了，还能考上大学。

以兴趣爱好为杠杆的升学规划，非常适合专业细分度极高、以申请制为主要报考形式的国际留学领域。当前不少国内高校也开始试行申请制，新高考选科制度的普及、AI 的崛起和当今国内外经济和市场的微妙变化，越发要求人才具备独特的自我优势和价值，尤其是独特的“自我内驱力”。**因此我相信，兴趣爱好这个重要的自我内驱力，将在每一个人的未来职业生涯中发挥越来越重要的作用。**我也相信，中国需要一些对知识有好奇与敬畏并擅长发现爱好、尊重爱好、滋养爱好的规划师，以此来帮助更多人以兴趣爱好为杠杆，把兴趣爱好转为强大优势，开启属于他们的精彩人生。